JOACHIM BAUER

FÜHLEN, WAS DIE WELT FÜHLT

JOACHIM BAUER

FÜHLEN, WAS DIE WELT FÜHLT

Die Bedeutung der Empathie
für das Überleben
von Menschheit und Natur

BLESSING

Sollte diese Publikation Links auf Webseiten Dritter enthalten, so übernehmen wir für deren Inhalte keine Haftung, da wir uns diese nicht zu eigen machen, sondern lediglich auf deren Stand zum Zeitpunkt der Erstveröffentlichung verweisen.

FSC www.fsc.org
MIX
Papier aus verantwortungsvollen Quellen
FSC® C014496

Penguin Random House Verlagsgruppe FSC® N001967

Autor und Verlag danken Will Steffen für die freundliche Genehmigung zur Verwendung der Grafiken über das Phänomen der Großen Beschleunigung.

1. Auflage, 2020

Neumarkter Str. 28, 81673 München
Umschlaggestaltung: DAS ILLUSTRAT, München,
unter Verwendung eines Fotos von New Africa/Shutterstock
Redaktion: Dr. Peter Hammans
Herstellung: Ursula Maenner
Satz: Leingärtner, Nabburg
Druck und Einband: GGP Media GmbH, Pößneck
Printed in Germany
ISBN: 978-3-89667-690-0

www.blessing-verlag.de

Für Henry

INHALT

»Empathie über die Grenzen der menschlichen Spezies hinaus, das heißt, Menschlichkeit gegenüber niedereren Lebewesen, scheint eine der evolutionär spätesten moralischen Errungenschaften [des Menschen] zu sein. … Diese Tugend, eine der edelsten, mit der Menschen ausgestattet sind, scheint sich beiläufig dadurch entwickelt zu haben, dass unsere Empathiefähigkeit empfindungsstärker wurde und sich mehr in die Breite entwickelt hat, bis sie sich auf alles ausgedehnt hatte, was empfindungsfähig ist.«

Charles Darwin, *Die Abstammung des Menschen und die geschlechtliche Zuchtwahl*, 1871[1]

VORWORT

Die Welt steht ökologisch auf der Kippe. Darüber sind sich 97 Prozent aller wissenschaftlichen Experten einig. Menschheit und Natur verbindet eine Hunderttausende von Jahren alte, tiefe Beziehung. Die Natur überließ (und überlässt) dem Menschen ihre Pflanzen- und Tierwelt, ihre Gewässer und ihre Schönheit. Da sie uns gibt, was wir brauchen, kann man sie – aus der Perspektive unserer Wahrnehmung und vor dem Hintergrund unseres Erlebens – als empathisch bezeichnen. Empathie braucht Gegenseitigkeit, Reziprozität. Doch um diese ist es mehr als schlecht bestellt. Seit der Sesshaftwerdung und dem Eintritt des Menschen in den zivilisatorischen Prozess kam es zwischen Mensch und Natur zu einer Entfremdung.

Aus der Entfremdung droht nun ein unumkehrbarer Bruch zu werden. Wie können wir ihn verhindern? Jede Art von Motivation – auch die Motivation zu einer ökologischen Lebensweise – lässt sich nur entwickeln, wenn sie nicht von Schuldgefühlen, sondern von einem dringlichen Wunsch, von einer Art Liebe angetrieben wird. Die Motivation zu einer ökologischen Lebensweise kann daher nur dann entstehen und wachsen, wenn wir die verschüttete empathische Beziehung wiederentdecken, die uns auch heute noch insgeheim mit der Natur verbindet. Ökologisches Bewusstsein muss sich, wenn es nachhaltig tragfähig sein soll, aus einer Haltung der Freude, nicht aus Schuldgefühlen heraus entwickeln. Wie können wir die verschüttete Empathie wiederentdecken?

Unter allen Potenzialen, die dem Menschen von der Evolution mitgegeben wurden, ist die Empathie der tiefste Erfahrungs- und der kraftvollste Handlungsraum. Empathie hat ihren Ursprung in der zwischenmenschlichen Beziehung. Sie ist keine angeborene Eigenschaft, ihr Erwerb gehört jedoch zum Entwicklungsprogramm, welches die Natur für den Menschen vorgesehen hat. Menschlichkeit entsteht – ebenso wie Unmenschlichkeit – nicht von alleine, sondern ist an bestimmte Grundvoraussetzungen geknüpft. Was im Menschen empathisches Verhalten entstehen lässt, ist selbsterlebte Empathie. Nur wem Empathie geschenkt wurde, der kann sie auch geben. Daher sollten wir versuchen, die gesamtgesellschaftlichen Empathie-Potenziale zu stärken. Wenn wir unsere Fähigkeit schulen, zu fühlen, was unsere Mitmenschen fühlen, werden wir auch die Fähigkeit stärken, zu fühlen, was die Welt fühlt.

Wenn wir die Natur als ein Gegenüber unserer Spezies sehen und die Beziehung analysieren, die uns mit ihr verbindet, dann bleiben wir einer menschlichen Perspektive im Allgemeinen und der Vernunft im Besonderen verpflichtet. Wenn wir dem Menschen die Natur als ein lebendiges, unser Dasein überwölbendes, uns empathisch zugewandtes System gegenüberstellen, dann sind es natürlich immer »nur« wir, die dieses Bild entstehen lassen. Doch wenn wir ein Momentum zur Rettung der Erde erzeugen wollen, können wir auf eine Wiederbelebung der zu Unrecht diskreditierten emotionalen Verbindung zwischen Menschheit und Natur nicht verzichten.

1 FÜHLEN, WAS DIE WELT FÜHLT?

Merkmale und Voraussetzungen der Empathie

Die Natur zu erkunden, sie richtig zu »lesen« und zu verstehen, war für den Menschen über Hunderttausende von Jahren hinweg die wichtigste aller Aufgaben. Bekanntlich hat die gesamte Menschheit einen Migrationshintergrund. In mehreren Auswanderungswellen haben die Vorfahren des modernen Menschen im Verlauf der letzten 200 000 Jahre den afrikanischen Kontinent in Richtung Mittlerer Osten verlassen, von wo aus sie Asien und Europa zu besiedeln begannen. Bis zum Beginn der Sesshaftigkeit, deren Geschichte nicht länger als etwa 12 000 Jahre zurückreicht (siehe Kapitel 2), musste der Mensch seine natürlichen Biotope ständig wechseln. Jedes Gelände war neu, konnte gefährlich oder chancenreich sein und musste hinsichtlich seiner Eignung für einen vorübergehenden Aufenthalt richtig eingeschätzt werden. Die Natur zu verstehen oder – wie es der Titel dieses Buches formuliert – zu fühlen, was die Welt fühlt, ist keine romantische Vermenschlichung, keine »Anthropologisierung«, sondern war über Zehntausende von Jahren das Kerngeschäft unserer Vorfahren. Diese Fähigkeit stellt eine einzigartige Begabung unserer Spezies dar. Dass wir sie vergessen haben oder verkommen ließen, bildet den Kern der Probleme, vor denen wir heute stehen.

Dass wir Menschen über einen langen evolutionären Zeitraum vor die Aufgabe gestellt waren, ständig neues Gelände zu erkunden, ist eines der Alleinstellungsmerkmale unserer Spezies. Zugvögel oder Wale, die saisonabhängig ihre Biotope wechseln, wandern jedes Jahr in etwa in die gleichen Destinationen aus und kehren alljährlich überwiegend an die gleichen Ausgangsorte zurück. Unsere Vorfahren dagegen mussten, wenn sie weiterzogen, ständig eine *neue* Welt entdecken. Daher ist die Verbundenheit, die sich im Laufe der evolutionären Vorgeschichte zwischen Mensch und Natur entwickelt hat, einzigartig. Diese über Zehntausende von Jahren gewachsene Verbundenheit dürfte erklären, warum eine kürzlich an Tausenden von Menschen durchgeführte wissenschaftliche Untersuchung etwas zeigte, das wir aus unserer Alltagserfahrung eigentlich längst wissen: dass wir Menschen nicht nur gegenüber unseresgleichen Einfühlung und Mitgefühl zeigen und die Bereitschaft aufbringen, für das jeweilige Gegenüber etwas zu tun. Es waren keine Esoteriker, sondern »ganz normale Menschen«, die Wissenschaftlern Auskunft darüber gaben, welches Maß an Empathie sie für ihnen unbekannte Mitmenschen, aber auch für Tiere und Pflanzen empfinden.[2]

Getestet wurde zum einen die Einfühlung, also die Fähigkeit, sich vorzustellen, wie ein nicht menschliches Lebewesen sich fühlt, zum anderen die Anteilnahme oder »Compassion«, also die Bereitschaft, für das Wohlergehen dieses Lebewesens etwas zu tun. Gegenüber insgesamt 52 verschiedenen Lebewesen zeigten die Versuchspersonen sowohl Einfühlung als auch Anteilnahme, allerdings – wie zu erwarten – in unter-

	Einfühlung »Empathic Perception« »Ich meine in der Lage zu sein, die Gefühle oder Emotionen dieses Lebewesens zu verstehen«		Anteilnahme »Compassionate Reaction« »Wenn es in Lebensgefahr wäre, würde ich das Leben dieses Lebewesens schonen«
Orang-Utan	0,909	Orang-Utan	0,79
Schimpanse	0,876	Mensch	0,785
Mensch	0,874	Schimpanse	0,739
Fuchs	0,863	Fuchs	0,707
Eichhörnchen	0,769	Koala	0,669
Koala	0,724	***Eiche***	0,661
Frosch	0,521	Eichhörnchen	0,597
Eiche	0,371	Frosch	0,560
Zebrafisch	0,370	See-Anemone	0,438
Käfer	0,326	Käfer	0,388
Rosenstrauch	0,246	***Rosenstrauch***	0,336
See-Anemone	0,218	Pilz	0,307
Pilz	0,152	Zebrafisch	0,288

Tab. 1: 2347 Personen beiderlei Geschlechts mit einem Durchschnittsalter von 37,5 Jahren wurden anhand von ihnen vorgelegten Farbbildern gefragt, inwieweit sie sich in der Lage fühlten, die Gefühle oder Emotionen des ihnen gezeigten Lebewesens zu verstehen (»Empathic Perception«, hier mit »Einfühlung« übersetzt), oder inwieweit sie, vor die Wahl gestellt, bereit wären, das Leben dieses Lebewesens zu schonen (»Compassionate Reaction«, hier mit »Anteilnahme« übersetzt). Vorgelegt wurden Bilder von 52 Spezies, davon 47 Tierspezies inklusive Mensch, vier Pflanzenspezies und ein Pilz. Hier abgebildet sind nur die Werte für einige ausgewählte Spezies. Die beiden Pflanzenspezies sind hervorgehoben. »Empathic Perception« und »Compassionate Response« wurden jeweils auf einer Skala von 0 (Minimum) bis 1 (Maximum) abgebildet. Auffallend ist, dass der Mensch auf beiden Skalen nicht an erster Stelle steht (Miralles et al., 2019).

schiedlichem Ausmaß. Das Maß der Empathie war abhängig davon, wann in grauer Vorzeit sich unser eigener evolutionärer Stammbaum von dem des jeweiligen anderen Lebewesens getrennt hatte (siehe Tabelle 1 mit den Empathie-Werten gegenüber einigen ausgewählten der insgesamt 52 getesteten Lebewesen). Die Ergebnisse der hochrangig publizierten Studie zeigen, dass Menschen sowohl gegenüber Tieren als auch gegenüber Pflanzen – und hier insbesondere gegenüber Bäumen – Empathie empfinden können.

Sich in andere Lebewesen einfühlen zu können und insofern zu fühlen, was die Welt fühlt, war für unsere Vorfahren in mehrfacher Hinsicht überlebenswichtig. Nicht nur das Verhalten von Tieren musste richtig gedeutet, auch ortsgebundene Lebewesen wie Pflanzen und Bäume mussten hinsichtlich ihrer Bedeutung für den Menschen und ihres Zustandes richtig eingeschätzt werden. Die Beziehung des nicht sesshaften Menschen zur Natur beschränkte sich jedoch nicht nur auf Lebewesen. Landschaften, Berge, Täler, Wasserläufe und Seen waren – genauso wie Tiere und Pflanzen – Elemente einer ganzheitlichen, holistischen Welt, als deren Teil sich der Mensch empfand.[3] Die Natur war, bevor der Mensch vor rund 12 000 Jahren mit Ackerbau und Viehzucht begann, noch kein utilitaristischer, der Ausbeutung unterworfener Bewirtschaftungsraum. Sie war eine Lebenswelt, zu welcher der Mensch – als *ein* Akteur unter vielen – selbst gehörte. Die Natur war jedoch nicht nur *Gegenstand* menschlicher Einfühlung. Sie dürfte, so meine Hypothese, auf einer intuitiven, unbewussten Ebene auch ihrerseits vom Menschen als einfühlend erlebt worden sein. Dass sie Quellen der Gefahr – Raubtiere, giftige Lebewesen wie Schlangen und Skorpione und giftige Pflanzen – beherbergte, steht dazu nicht im Widerspruch. Denn ungeachtet ihrer Gefahren war die Natur für den sammelnden und jagenden Menschen der überwölbende Lebensraum, der ihm alles, was er zum Überleben benötigte, bedingungslos gab.

Vieles spricht dafür, dass Menschen auch heute noch – in ihrem intuitiven, unbewussten Erleben – die Natur als einen empathischen Lebensraum empfinden, der uns umgibt, wie eine schwangere Frau ihr Kind umhüllt.[4] In diese Richtung weisen die signifikant positiven Effekte auf die psychische und körperliche Gesundheit, die im Menschen durch intensives Naturerleben ausgelöst werden können (ebenso wie umgekehrt die krank machenden Effekte durch die Abwesenheit von Natur). Zu den positiven Effekten, die zahlreiche natürliche Wirkstoffe und Nahrungsmittel haben können, kommen also hoch wirksame psychische und physische Effekte hinzu, welche sich im Menschen *aufgrund der puren Präsenz der Natur, also ohne jede stoffliche Einwirkung* beobachten lassen. Starke Präsenz- oder Zuwendungseffekte auf die körperliche und seelische Gesundheit des Menschen wurden bisher nur im Falle der Anwesenheit empathischer anderer Menschen beobachtet.[5] Neuere Untersuchungen zeigen derartige Effekte inzwischen aber auch dann, wenn »nur« ein Naturerleben im Spiel ist. Daher erscheint es als naheliegend, dass die Natur – als ganzheitliches, unser Leben überwölbendes System – vom Menschen unbewusst als empathisch wahrgenommen wird. Intensive Naturerlebnisse können, wie fast jeder aus eigener

Erfahrung weiß, Gefühle tiefer emotionaler Ergriffenheit und des Staunens auslösen. In der englischen Fachliteratur wird dieses Gefühl als »Awe« bezeichnet. Wie zahlreiche neuere Studien zeigen,[6] hat die Natur, über das »Awe« hinausgehend, positive Auswirkungen auf das seelische Befinden, auf depressive Stimmungen, auf posttraumatische und allgemeine Stress-Symptome, auf den Spiegel des Stresshormons Cortisol sowie auf die belastungsabhängige Anpassungsfähigkeit der Herzfrequenz und damit auf das Herzinfarktrisiko.[7]

Der natürliche Lebensraum dieser Erde ist in hohem Maße bedroht. Wie lässt sich angesichts der bedrohlichen ökologischen Lage, in der sich unsere Welt befindet, erklären, dass viele Menschen sich nicht wirklich angesprochen fühlen und kein oder nur geringes Engagement zeigen? An einem Mangel an Informationen kann es kaum liegen, denn ein solcher liegt nicht vor. Die wissenschaftliche Datenlage ist unter Fachleuten unumstritten und daher eigentlich klar (ich habe sie im dritten Kapitel zusammenfassend dargestellt). Wir stehen somit vor dem eklatanten Widerspruch zwischen einer *objektiv* hoch gefährlichen ökologischen Situation und einer *subjektiv* nur geringen Aktivierung der Menschheit, die weiterhin ein fahrlässiges »business as usual« betreibt. Dabei ist sie bereits jetzt vom Klimawandel heftig betroffen und wird in wenigen Jahren seine Auswirkungen noch heftiger erleben. Leider lassen sich die Motivationssysteme des Menschen durch im Vorhinein gegebene Belehrungen, Ermahnungen und durch die Hervorrufung von Schuldgefühlen nur wenig aktivieren. Was die menschliche Motivation in Gang bringt, sind positive Gefühle.

Ein besonders kraftvolles Motiv, für jemanden oder für etwas tätig zu werden, sind Gefühle der Sympathie und der Empathie. Die Auflösung des Widerspruchs zwischen der *objektiven* ökologischen Bedrohung und dem Mangel an einer angemessenen *subjektiven* Reaktion der Menschen kann daher nur gelingen, wenn wir die *Empathie*, die Menschheit und Natur einst verbunden hat, wiederentdecken und stärken. Diese Empathie hat, wie ich ausgeführt habe, eine uralte, durch die Evolution begründete Geschichte. Dass die Empathie gegenüber der Natur aus unserem Blickfeld verschwand und die Liebe einer Entfremdung gewichen ist, hat mit der Sesshaftwerdung des Menschen und der damit einhergehenden Entfremdung zwischen Mensch und Natur zu tun, die ich im zweiten Kapitel beschreibe. Wenn wir unsere gefährdete Erde vor dem ökologischen Untergang bewahren wollen, dann wird es nicht ausreichen, weiterhin nur ständig die Tatsache ihrer Gefährdung zu verkünden. Was uns, die Menschen in den westlichen Ländern, daran hindert, sich auf die anstehenden, ökologisch dringend gebotenen Veränderungen unserer Lebensweise einzulassen, ist eine tief reichende Störung unserer Empathie – und unserer »Beziehung zur Welt«, wie sie der Soziologe Hartmut Rosa in seinem Standardwerk *Resonanz* benennt.

Ihre Herkunft verdankt die Empathie, wie bereits Charles Darwin erkannte, dem menschlichen Zusammenleben. Nur wer – insbesondere in den Jahren der Kindheit – selbst Empathie empfangen hat, kann sie in sich entwickeln und an andere weitergeben. Zwischenmenschliche Empathie und die Empathie zwischen Mensch und Natur stehen in wechselseitigem Zusammenhang. Das Maß der in einer Gesellschaft vorhandenen Empathie bestimmt, ob die in ihr lebenden Menschen fühlen, was die Welt fühlt. Umgekehrt beschädigt eine Gesellschaft, die sich von der Natur entfremdet hat, ihr eigenes Empathie-Potenzial. Wir brauchen Gesellschaften, in denen Empathie wachsen kann und in denen sich bereits vorhandene Empathie-Potenziale entfalten können. Fühlen zu können, was andere fühlen, ist eine der herausragendsten Eigenschaften des Menschen.[8] Empathie war das evolutionäre Erfolgsticket unserer Spezies. Hinter dieses evolutionäre Erbe sollten wir nicht zurückfallen.

Wie also ist es – angesichts einer am Rande des ökologischen Abgrunds stehenden Welt – um unsere tatsächliche Bereitschaft bestellt, zu fühlen, was die Welt fühlt? Im *ersten* Kapitel werde ich mich mit dem Ausgangspunkt menschlicher Empathie, also mit dem einzelnen Menschen befassen. Welche Rolle spielt die soziale Verbundenheit für den einzelnen Menschen, für die Entwicklung seines »Selbst« und für seine Identität? Was wissen wir über die Beziehungen, die den Einzelnen mit Gemeinschaften verbinden, denen er angehört – oder nicht angehört? Gegenstand des *zweiten* Kapitels wird die Geschichte der Sesshaftwerdung und der Bewirtschaftung der Natur durch den Menschen sein, die erst vor 12 000 Jahren ihren Anfang nahm. Die zivilisatorische Entwicklung, die der Sesshaftwerdung folgte, hat sowohl den Menschen als auch die Natur an gefährliche Abgründe herangeführt. Der unserer heutigen Zivilisation drohende Kollaps wäre, wenn wir ihn nicht zu verhindern vermögen, nicht der erste. Es waren durchweg Störungen des natürlichen, ökologischen Gleichgewichts, die den großen Kulturen der Menschheit unerwartet und oft in erstaunlich kurzer Zeit den Garaus gemacht haben.[9] Im *dritten* Kapitel finden sich die wichtigsten Daten zusammengestellt, die Auskunft darüber geben, wie die Erde sich fühlt. Hier wird die sogenannte Earth System Science[10] ins Spiel kommen, eine noch relativ junge Wissenschaft, die sich mit dem Befinden unseres Planeten als Ganzes befasst. Was die Welt im Jahre 2020 mit der durch den SARS-Corona-Virus-2 verursachten Epidemie erleben musste, war ein vorhersehbares – und tatsächlich auch vorhergesagtes – Ereignis.[11] Die COVID-19-Epidemie war nicht die erste und wird nicht die letzte ihrer Art gewesen sein. Die tief liegende Ursache von Katstrophen dieser Art ist die Naturzerstörung durch den modernen Menschen. Das *vierte* Kapitel soll die in unserer Gesellschaft beobachtbaren Brüche, Verwerfungen und drohende Fehlentwicklungen beleuchten. Das *fünfte* soll die Chancen beschreiben, die sich für die Rettung unseres Planeten – trotz derzeit sehr gemischter Aussichten – bieten.

Empathie: Voraussetzung des gemeinsamen Überlebens von Menschheit und Natur

Erkennungsmerkmal einer Gesellschaft, die den Zugang zur Empathie verloren hat, ist der Zynismus.[12] Zyniker pflegen die Empathie als »Gefühlsduselei« zu bezeichnen und ins Lächerliche zu ziehen. Dass wir der Natur empathisch gegenübertreten können, hat nicht nur, wie bereits ausgeführt, evolutionsbiologische, sondern weitere triftige biologische Gründe. Jedes Lebewesen dieser Erde – Virus, Einzeller, Pflanze,

Baum, Tier oder Mensch – stellt für sich eine biologische Einheit dar, welche in ein jeweils größeres System, in eine größere biologische Einheit eingebettet ist. Am deutlichsten wird dies am Beispiel des in den Organismus einer schwangeren Frau eingebetteten Fötus. Obwohl ihm noch jeglicher Verstand fehlt, fühlt er, wie es ihr geht und umgekehrt. Beide sind sich empathisch – im Sinne gegenseitiger Einfühlung – verbunden. In ganz ähnlicher Weise ist die Menschheit als Ganzes in die Natur, in das Ökosystem der Erde, in die Welt, in der wir leben, eingebettet. Pandemien und Klimaveränderungen sind Menetekel, Warnbotschaften, die uns daran erinnern, dass wir die wechselseitige empathische Verbundenheit, die eingebettete und einbettende Systeme sich gegenseitig schulden, offenbar aus den Augen verloren haben und wiederentdecken müssen.

Was unser Zeitalter von allen vorherigen unterscheidet, ist eine *wechselseitige* Einbettung von Natur und Menschheit. Das traditionelle Mantra, dass die menschliche Spezies in das System der Natur eingebettet sei, muss um einen entscheidenden zweiten Teil erweitert werden. Das technische Potenzial der Menschheit, die gesamte Oberfläche der Erde zu verändern, und die mit diesem Potenzial tatsächlich in Gang gesetzten zivilisatorischen Eingriffe in die Natur sind derartig gewaltig, dass sie – obwohl menschengemacht – inzwischen selbst einer Naturgewalt gleichen. Dieses Faktum hat den Begriff des »Anthropozän«[13] entstehen lassen, womit der Beginn eines Zeitalters angezeigt werden soll, in welchem die menschliche Zivilisation der Erde ihren prägenden Stempel aufdrückt. Der zivilisatorische Furor unserer Spezies hat gewaltige Veränderungen, die als »Great Accelerations«, also als große Beschleunigungen bezeichnet werden, in Gang gesetzt, die das Thema des dritten Kapitels sein werden. Sie haben eine derartige Größenordnung erreicht, dass seit Kurzem nicht mehr nur die Menschheit in die Natur eingebettet ist, sondern die Natur sich ihrerseits in das globale Regime unserer Spezies eingebettet findet.

Die Menschheit ist nun also nicht mehr nur – wie seit Jahrhunderttausenden – ein Schützling der Natur. Die Natur ist neuerdings in einem derartigen Ausmaß dem zivilisatorischen Regime der menschlichen Spezies unterworfen, dass sie nun umgekehrt auch zu unserem Schützling wurde. Beide, Mensch(heit) und Natur, stehen nicht nur in einer wechselseitigen existenziellen Abhängigkeit. Beide Seiten fühlen nicht nur, wie es dem eigenen Organismus, sondern auch, wie es dem der anderen Seite geht. Keiner Seite wird es gut gehen, wenn es nicht beiden gut geht. Geht es einem von beiden schlecht, wird es beiden schlecht gehen. Gegenseitige Einfühlung und Empathie werden damit zu einer Voraussetzung gemeinsamen Überlebens.

Vom Entstehen zwischenmenschlicher Empathie

Zwischenmenschliche Empathie ist keine angeborene Eigenschaft, ihr Erwerb gehört jedoch zum Entwicklungsprogramm, das die Natur für den Menschen vorgesehen hat. Für diese Annahme sprechen Konstruktionsmerkmale des menschlichen Gehirns.[14]

Die Geschichte der Empathie innerhalb des Lebens eines Menschen nimmt ihren Anfang in den ersten Lebenstagen.[15] Säuglinge brauchen die einfühlende Reaktion ihrer Bezugspersonen. Sie sind hungrig nach Empathie. Wenn sie diese nicht erhalten, können daraus später Entwicklungsstörungen und eine Unfähigkeit zur Empathie resultieren. Dass man sich in ihn einfühlt, erkennt der Säugling daran, dass Bezugspersonen seine körpersprachlichen Mitteilungen der Freude, der Wonne, des Missbehagens, der Angst und des Ärgers mit einer Spiegelungs- oder Resonanzreaktion beantworten.[16] Diese Resonanzreaktionen lassen den Säugling spüren, dass er »erkannt« oder »gesehen« wurde. Die Resonanzreaktionen seiner Bezugsperson lösen nun ihrerseits im Säugling eine Resonanz aus, was eine Art von »kommunikativem Tanz« zur Folge hat, der sich wunderbar beobachten lässt, wenn empathisch begabte Bezugspersonen mit ihrem Winzling Kontakt aufnehmen. Die biologische Grundlage dieses Hin und Her zwischen Säugling und Bezugsperson(en) ist ein neuronales Resonanzsystem, das System der Spiegelnervenzellen.[17] Es kommt nicht nur zwischen Kindern und Erwachsenen in Gang, sondern wird auch im späteren Leben immer dann aktiv, wenn zwei Menschen sich begegnen. Erwachsenen ist das Phänomen der Resonanz gut vertraut: Wir fühlen Schmerz, wenn wir zufällig mitansehen müssen, wie jemand anderer sich den Finger einklemmt hat oder sich mit dem Messer schneidet. Emotionale Ansteckungen, die wir im Alltag ständig erleben, sind Resonanzphänomene, die darauf beruhen, dass die Körpersprache und Sprache anderer Menschen im Beobachter eine spiegelbildliche Aktivierung von Nervenzellen hervorrufen kann.

Eine wechselseitige mitschwingende Resonanz ist die Grundlage aller Empathie. Indem der Säugling erlebt, wie seine Bezugspersonen seine körpersprachlichen Lebensäußerungen mit einer liebevollen Resonanz beantworten, und indem er wahrnimmt, wie sie auf seine eigenen Resonanzreaktionen reagieren, durchlaufen seine Spiegelnervenzellen ein neurobiologisches Trainingsprogramm. Die Art und Weise, wie Erwachsene mit Säuglingen und Kleinkindern umgehen und wie sie auf ihren Winzling reagieren, enthält zahllose unausgesprochene, implizite Botschaften. Wenn das Kind viel Einfühlung, also viel mitschwingende Resonanz erlebt, dann resultiert daraus eine Art Botschaft, die ihm das Gefühl gibt, dass es willkommen auf dieser Welt ist, dass es für seine Mitmenschen ein Grund zur Freude ist und dass man ihm zutraut, dass aus ihm einmal etwas Gutes werden wird. Wenn keine Einfühlung vorhanden ist, wenn die Resonanzen also spärlich oder wenig mitschwingend und stattdessen unfreundlich ausfallen, wird dies dem Kind das Gefühl geben, unwillkommen und lästig zu sein. Wie auch immer die sich aus den wechselseitigen Resonanzen ergebenden Botschaften ausfallen, sie werden vom Gehirn des Säuglings abgespeichert. Sie bilden den »Content«, also das informative Material, das im Kind im Verlauf der ersten Lebensmonate und -jahre ein »Selbst« entstehen lässt.[18] Die Art und Weise, wie Erwachsene auf den Säugling – dann auf das Kleinkind, später auf Kinder und auf Jugendliche – reagieren, geben dem jeweiligen jungen Adressaten also eine Auskunft darüber, wer er oder wer sie ist. Erlebte Einfühlung und Empathie werden in einem Kind ein stabiles, zur Empathie fähiges »Selbst« entstehen lassen. Auch dieses »Selbst« geriet in den letzten Jahren in den Fokus der Neurowissenschaften.

»Ich« und »Du« neuronal gekoppelt: Die Mehrfach-Perspektivität des menschlichen »Selbst«

Die erst vor wenigen Jahren entdeckten »Selbst-Netzwerke« des Menschen haben ihren Sitz im mittleren Teil der unteren Etage des Stirnhirns. Sie liegen in einem hinter dem roten Bindi-Punkt indischer Frauen gelegenen Bereich.[19] Die Entdeckung der Selbst-Netzwerke war an sich schon relativ spektakulär, wurde dann aber durch eine weitere, für das Verständnis der Empathie extrem bedeutsame Beobachtung noch getoppt: In der mittleren Zone des unteren Stirnhirns abgespeichert ist nicht nur das Selbst, also alles, was wir über die eigene Person fühlen, denken und was wir glauben, wer wir sind. An gleicher Stelle finden sich auch die Nervenzell-Netzwerke, die abspeichern, was wir über unsere wichtigsten Bezugspersonen wissen, denken und fühlen. »Ich« und »Du« sind im Menschen also neuronal gekoppelt.[20] Wenn wir uns noch einmal vergegenwärtigen, dass die Selbst-Netzwerke ihre Entstehung dem Austausch von Resonanzen zwischen dem Säugling und seinen Bezugspersonen verdanken, kann uns das nicht überraschen: Es sind *signifikante Andere* (Eltern, Verwandte, Kita-Betreuerin, später dann Lehrkräfte und Mentoren), die dem Säugling (und später dem Kind oder Jugendlichen) durch ihre Resonanzen eine Auskunft darüber geben, wer er/sie ist.

Das menschliche Selbst ist seiner Natur nach also ein Mehr-Perspektiven-Selbst. Es hat den »Anderen« (genauer gesagt: eine Repräsentanz, ein inneres Bild des Anderen) sozusagen im geistigen Gepäck immer mit dabei. Nachdem es sich gegen Ende des zweiten Lebensjahres in seiner Grundstruktur etabliert hat, kann das »Selbst« des Kindes jetzt zu einer Instanz werden, mit der es sich wahrnimmt und von der aus es sich steuert. Um die Steuerungsfähigkeit des Kindes zu entwickeln, muss das »Selbst« des Kindes ab etwa dem dritten Lebensjahr von seinen Bezugspersonen angesprochen und dazu angehalten werden, sich nun seinerseits empathisch zu verhalten und die Perspektive anderer zu berücksichtigen. Erziehung zur Rücksichtnahme ist kein gegen die »wahre« Natur des Menschen gerichtetes, sozusagen kontrabiologisches Programm, sondern Teil der biologischen (!) Bestimmung des Menschen. Wenn diese Erziehung – über die gesamte Kindheit und Jugend hinweg – freundlich und in einer jeweils altersangemessenen Weise stattfindet, wird ein junger Mensch mit reifer Empathie heranwachsen.

Die Fähigkeit des Menschen, mit der Natur in einer empathischen Beziehung zu stehen, beruht darauf, dass wir nicht nur mit anderen Menschen, sondern auch mit der Natur in Resonanz treten können.[21] Kinder erleben dies noch gänzlich unverstellt. Sie treten, wenn man sie in die Natur führt und entsprechend anleitet, mit Pflanzen und Tieren in eine natürliche Resonanz.[22] Würden wir eine solche ganz offensichtlich mögliche, biografisch frühe Anbahnung der Verbundenheit zwischen Mensch und Natur, wie sie in vorzivilisatorischen Zeiten ohne Frage bestanden hat, nicht früh unterbinden, dann wären nicht nur signifikante andere Menschen, sondern auch Elemente der Natur mit unserem »Selbst« gekoppelt (im Sinne der bereits genannten neuronalen Koppelung zwischen »Ich« und »Du«). Die Mehrfach-Perspektivität unseres »Selbst« würde dann nicht nur die Perspektive signifikanter anderer Menschen miteinschließen, sondern auch die der Natur.

Dass unser Selbst nicht an den Grenzen unserer Haut endet, sondern ein »Extended Self«, also ein erweitertes Selbst ist, gehört sowohl in der Philosophie als auch in den Neurowissenschaften zu den »heißesten« derzeit gehandelten Themen.[23] Für den modernen Menschen sind eine ganze Reihe von Objekten zu einem Teil seines »Extended Self« geworden, vor allem Handygeräte und Accounts in den sozialen Medien, oft aber auch Objekte wie zum Beispiel das eigene Auto. Leider scheint sich der moderne Mensch im gleichen Maße, in dem Objekte wie das Handy inzwischen zu einem Teil seines Selbst geworden sind, von der inneren Verbundenheit mit der Natur abgeschnitten zu haben.

Die Entfaltung von Empathie: Der Weg vom Individuum zur Gemeinschaft

Die Grundmotivation psychisch durchschnittlich gesunder[24] Menschen ist darauf ausgerichtet, sich sozial akzeptiert, mit anderen Menschen verbunden und zugehörig zu wissen. Das auf soziale Verbundenheit gerichtete Grundmotiv setzt nicht voraus, dass das Zusammensein mit anderen immer »Spaß«

machen muss. Gemeinsam einer schwierigen Situation ausgesetzt zu sein hat meistens sogar eine sozial besonders verbindende Wirkung. Obwohl sich Menschen soziale Verbundenheit auch dann wünschen, wenn keine hedonischen, also keine genüsslichen Aspekte im Spiel sind,[25] machen gelingende Gemeinschaft, Kooperation und Gegenseitigkeit den meisten Menschen große Freude. Allerdings hat sich die Annahme als falsch erwiesen, dass schon von alleine sozusagen alles gut wird, wenn Menschen sich verbinden und verbünden. Dies zeigt sowohl ein Blick auf die historische Vergangenheit unseres Landes als auch auf die aktuelle Gegenwart. Fanatisierte Menschenmengen können Hass und Gewalt verbreiten und ein Land an den Rand des Abgrunds bringen. Andererseits können solidarisch, diszipliniert und friedlich auftretende Menschenmengen die Welt auch zum Guten verändern, wie die Freiheitsbewegungen in Indien, Südafrika oder – in unserem Land – die Friedliche Revolution des Jahres 1989 gezeigt haben. Wenn Menschen Teil einer Gemeinschaft werden, kann dies gute, die Empathie fördernde, aber auch negative Folgen bis hin zur Unmenschlichkeit haben.

Verbundenheit können Menschen auf zweierlei Wegen erlangen. Einerseits durch persönliche Beziehungen, die sich zweiseitig oder in kleinen, eher privat gehaltenen Freundeskreisen abspielen, andererseits durch die Zugehörigkeit zu größeren Gruppen (siehe dazu unten). Die Kunst, wenn schon nicht »eines Freundes Freund zu sein«,[26] so doch mindestens mit einigen Mitmenschen in einigermaßen guter Verbindung zu stehen, beherrschen vor allem jene Menschen, die über die Fähigkeit zur Empathie verfügen. Da die

Empathie-Fähigkeit meistens mit Offenheit und Verträglichkeit[27] einhergeht, leuchtet ein, dass Menschen, denen diese Eigenschaften abgehen, es schwerer haben, sozialen Anschluss zu finden. Menschen, die keinen sozialen Anschluss finden, erleiden erhebliche Nachteile, unabhängig davon, wodurch ihre Isolation verursacht wurde. Der Mensch ist für zwischenmenschliche Empathie gemacht und wird krank, wenn es ihm daran mangelt. Sozial isoliert oder einsam lebende Menschen haben ein erhöhtes Erkrankungs- und Sterberisiko.[28] Aus diesem Grund haben, wie die aktuelle COVID-19-Pandemie deutlich werden ließ, im Rahmen der Infektionsprävention auferlegte soziale Isolationsmaßnahmen immer zwei Seiten, weil sie die Gesundheit schützen *und* gleichzeitig belasten. Die negativen Auswirkungen von chronischer Einsamkeit und andauernder sozialer Isolation auf die Sterblichkeit entsprechen beziehungsweise übertreffen sogar jene des Rauchens, des Alkohols und des Übergewichts. Obwohl über den Einfluss von sozialer Verbundenheit und Unterstützung auf Erkrankungsrisiken und Sterblichkeit unangreifbare, verlässliche Daten vorliegen, wird der Zusammenhang in weiten Teilen der Bevölkerung immer noch teils nicht gesehen, teils unterschätzt.[29]

Einsame oder isoliert lebende Menschen gehen der Gesellschaft als engagierte Bürger verloren. Aber nicht nur dies. In zahlreichen westlichen Ländern haben sozial isoliert lebende, frustrierte junge Männer begonnen, sich voller Hass gegen die Gesellschaft zu wenden. Ihre Biografien lassen ein typisches Muster von früh erlebter Einsamkeit, Lieblosigkeit und Vernachlässigung in den Herkunftsmilieus erkennen. Viele dieser Männer finden sich in Internetforen zusammen, wo sie Hassgemeinschaften von frustrierten, zur Gemeinschaft unfähigen Einzelgängern bilden. Ihre dort nachlesbaren Äußerungen lassen erkennen, dass sie reaktiven Hass auf die Gesellschaft empfinden, von der sie sich – in ihrer subjektiven Wahrnehmung – abgelehnt fühlen. Ihre Kontakt- und Empathie-Unfähigkeit hat unter anderem auch zur Folge, dass sie keine Partnerinnen finden, was sie aber nicht sich selbst, sondern dem weiblichen Geschlecht zur Last legen. Das wiederum verstärkt ihren Hass und ihre Isolation noch weiter. Ein Teufelskreis. Sie sind von einer ausgeprägten, als quälend erlebten Selbstwertproblematik betroffen, die ihre Ursache in den an Empathie armen Bedingungen hat, unter denen diese Männer aufwuchsen. Zum typischen Muster ihrer Herkunftsmilieus gehört, dass ihnen empathische väterliche Vorbilder fehlen. Vorbilder suchen und finden sie vor allem im Internet, und hier dann bei Männern, die sich einen *Anschein* von Männlichkeit verleihen, indem sie sich zum Beispiel mit Waffen umgeben. Die fatale Verwechslung von Männlichkeit mit Gewalttätigkeit hat ein Phänomen entstehen lassen, das als »toxische (Schein-)Männlichkeit« bezeichnet wird. Aus dem anwachsenden Reservoir sozial nicht integrierter junger Männer rekrutieren rechtsradikale und islamistische Gruppen einen großen Teil ihrer Anhängerschaft. Die hier entstandenen Milieus bilden das Biotop, aus dem heraus es seit Jahren auch immer wieder zu fürchterlichen Terroranschlägen kommt. Auch wenn es sich nach außen anders darstellt und für Laien und Journalisten – angesichts des martialischen Auftretens mancher dieser Männer – schwer nachzuvollziehen ist, stehen im Kern dieser Pathologien immer ein schwaches Selbst und ein Mangel an erlebter Empathie. Selbstverständlich kann dies die schlimmen Taten, die sie begehen, nicht entschuldigen und die Betroffenen nicht von Strafe befreien.[30]

Sich in einer Gemeinschaft aufgehoben fühlen zu können ist ein menschliches Grundbedürfnis, dessen Befriedigung in den westlichen Gesellschaften vielen Menschen aber nicht gelingt. »Ständig oder häufig einsam« fühlen sich, je nach Alter, in Deutschland zwischen elf und 23 Prozent aller Menschen.[31] Zählt man diejenigen, die sich nur manchmal einsam fühlen, hinzu, reichen die Prozentsätze teilweise bis zur Hälfte der Bevölkerung. Und das, obwohl uns das Internet und die sozialen Medien doch angeblich so sehr verbinden. Tatsächlich schwächen die sozialen Medien die soziale Verbundenheit.[32] Reale, analoge Kontakte stärken sie. Daher sollten wir, wenn wir die innergesellschaftliche Empathie stärken wollen, auf die Vermehrung und Intensivierung analoger Begegnungen zielen, die Menschen die Möglichkeit bieten, sich physisch – von Angesicht zu Angesicht – zu begegnen, miteinander ins Gespräch zu kommen und sich miteinander zu betätigen.

Eine besondere Rolle für die Entfaltung innergesellschaftlicher Empathie spielt die banale Tatsache, dass Menschen sich gegenseitig helfen. Bei über 12 000 Menschen, die von einer Gruppe von Wissenschaftlern über mehrere Jahre beobachtet worden waren, erfreuten sich diejenigen, die sich mindestens zwei Stunden pro Woche ehrenamtlich betätigten, im Vergleich zum Rest des Kollektivs nicht nur einer höheren Lebenszufriedenheit und besseren Gesundheit, sondern wiesen im Beobachtungszeitraum auch die geringste Sterblichkeit auf (Einflussfaktoren wie das Alter oder vorbestehende Gesundheitsprobleme waren dabei bereits herausgerechnet).[33]

Chance oder Gefahr für die Empathie: Die Macht sozialer Identitäten

Gruppen sind mehr als die Summe einzelner Menschen. Einerseits prägt das, was die Einzelnen als Persönlichkeiten mitbringen, die Gruppe, in der sie sich zusammenfinden. Umgekehrt prägt und verändert jede Gruppe diejenigen, die sich ihr angeschlossen haben und zugehörig fühlen.[34] Der Tatsache, dass die Merkmale ihrer Mitglieder – sozusagen bottom-up – Auswirkungen auf den Charakter einer Gruppe haben, stehen also starke Top-down-Effekte der Gruppe auf die einzelnen Mitglieder gegenüber. Diese Effekte zeigen sich bereits dann, wenn Menschen gar keine Gruppe im eigentlichen Sinne gebildet haben, sondern »nur« gemeinsame Merkmale oder ein gemeinsames Schicksal teilen.

Jeder kennt die Effekte, die implizite, nicht bewusst beabsichtigte Zugehörigkeiten auf das Verhalten des Einzelnen ausüben, aus eigener Erfahrung: Fußgänger, Rad- oder Autofahrer bilden – ohne deshalb einem Verein anzugehören – jeweils eine virtuelle Gruppe und begründen eine soziale Zugehörigkeit. Die Veränderung der Wahrnehmung, des Denkens, Fühlens und Verhaltens ein und desselben Menschen gegenüber den jeweils anderen Verkehrsteilnehmern, abhängig davon, ob man gerade als Fußgänger, Rad- oder Autofahrer unterwegs ist, ist geradezu verblüffend. Menschen, die ein Merkmal, eine gemeinsame Vorliebe oder ein gemeinsames Schicksal teilen, erwerben also – ob sie das wollen oder nicht – eine sogenannte Social Identity oder »soziale Identität«. (Die Begriffe »soziale Identität«, »Gemeinschaftsidentität«, »Gruppenidentität« oder »kollektive Identität« werden von mir bedeutungsgleich verwendet).

Plötzliche Wechsel der Gruppenidentität spielen sich »nur« im Kopf ab, können aber höchst reale, manchmal auch amüsante Folgen nach sich ziehen. Man hat sportlich aktiven jungen Frauen die Frage gestellt, ob sie eine Gesichtsnarbe oder eine Knieverletzung als das schlimmere Unglück ansehen würden. Verwickelt man die weiblichen Versuchspersonen, bevor man ihnen diese Frage stellt, in ein Gespräch über ihr öffentliches Auftreten als Frau oder – alternativ – in eine Unterhaltung über ihren Sport, dann aktiviert man auf diese Weise, ohne dass die Frauen es bewusst wahrnehmen, eine der beiden sozialen Identitäten. Je nachdem, welche der beiden Identitäten man im vorangegangenen Gespräch aktiviert hat, bekommt man auf die anschließend gestellte Frage völlig andere Antworten zu hören.[35] An dieser Stelle sei angemerkt, dass Sport, in unseren Breiten vor allem der Fußball, starke soziale Identitäten begründet und das Bedürfnis nach kollektiver Identität kanalisiert. Da unterschiedliche Situationen in ein und demselben Menschen eine jeweils andere soziale Identität aktivieren können, haben Menschen nicht nur eine, sondern mehrere soziale Identitäten.

Kollektive Identitäten sind, aus dem Blickwinkel der Empathie betrachtet, eine Medaille mit zwei Seiten (siehe dazu auch Kapitel 4 und 5).[36] Sie können bei denjenigen Menschen, die sich in einer Identität vereint fühlen, Engagement und Kräfte der gegenseitigen Unterstützung und Hilfsbereitschaft freisetzen. Stressoren, Schicksalsschläge und Katastrophen werden leichter ertragen, wenn Menschen sich auf der Basis einer sozialen Identität zugehörig wissen. Diese Effekte beruhen zweifellos auf einer Stärkung der innerhalb einer Gruppe vorhandenen Empathie. Die problematische Kehrseite der Medaille ist, dass Menschen, die sich einer Gemeinschaftsidentität angehörig fühlen, gegenüber Menschen, die zu einer anderen Identität zählen oder gezählt werden, weniger Empathie zeigen.

Soziale Identitäten haben zur Folge, dass die in ihnen »gefangenen« Menschen die individuellen Unterschiede zwischen einzelnen Menschen weniger oder gar nicht mehr wahrnehmen. Die individuellen Eigenschaften der Menschen, denen eine gemeinsame Identität unterstellt wird, werden in der Wahrnehmung aller Beteiligten sozusagen eingeebnet oder gleichgeschaltet. Demgegenüber werden die Unterschiede zwischen den Eigenschaften von Menschen, denen verschiedene Gruppenidentitäten unterstellt werden, völlig unrealistisch vergrößert wahrgenommen. Die individuellen Eigenschaften von einzelnen Menschen werden, wenn ihnen eine bestimmte Gemeinschaftsidentität zugeordnet wird, also zugunsten dieser Gemeinschaftsidentität »eingeebnet«.

Universell: Menschenrechte und die ökologische Bewahrung der Welt

Da sie die Gefahr mit sich bringen, den einzelnen Menschen seiner Individualität und seiner individuellen Würde zu berauben, können soziale Identitäten in Widerspruch zum Grundsatz der Gleichheit aller Menschen und zur Achtung der Würde des Einzelnen geraten. Wenn wir anerkennen, dass alle Menschen dieser Erde – abgesehen davon, dass sie sich dasselbe genetische Inventar teilen[37] – auch ein gleiches Recht und eine gleiche Würde haben, dann kann sich ein Widerspruch zwischen universaler (distaler)[38] Zugehörigkeit zur Menschheit als Ganzes und sozialen Identitäten im (proximalen) Nah-Bereich des Lebens ergeben. Ein solcher Widerspruch ist möglich, aber nicht zwingend.

Dass Menschen sich Gruppen zugehörig fühlen wollen, ist nicht zu beanstanden und ist durch die auf Sozialität ausgerichtete neurobiologische Architektur des menschlichen Gehirns begründet. Die Kriterien aber, mit denen wir soziale Identitäten voneinander unterscheiden, sind soziale Konstruktionen.[39] *Sie sind dem universalen Anspruch eines jeden Menschen auf gleiches Recht und gleiche Würde unterzuordnen*. Eine pauschale Verdammung sozialer Identitäten würde nicht nur in Widerspruch zur Sehnsucht des Menschen nach Zugehörigkeit im sozialen Nah-Raum geraten, sondern erschiene vor allem auch deswegen problematisch, weil Menschen die Aufhebung geschichtlich begründeter Identitäten – wie im Falle verfolgter jüdischer oder diskriminierter afroamerikanischer Menschen – möglicherweise als einen Angriff und als Wiederholung ihrer Diskriminierung erleben. Die universalen Menschenrechte haben Vorrang. Mit einem hemdsärmelig gegen Gemeinschaftsidentitäten auftretenden Universalismus ist aber niemandem gedient.

Gruppenidentitäten können in Menschen empathische Energien freisetzen, die sie beflügeln, sich für gute, universal gültige Werte und Ziele einzusetzen. Sie können aber auch Feindseligkeit und Aggression stiften. Untersuchungen zeigen, dass unter dem Vorzeichen einer kollektiven Identität aggressiv auftretende Gruppen vor allem dort entstehen, wo Menschen leben, die sich geringgeschätzt und benachteiligt fühlen (wobei dies entweder tatsächlich der Fall oder auch nur so empfunden sein kann[40]). Wer seinen Selbstwert infrage gestellt sieht, für den kann eine kollektive Identität die Funktion haben, durch die Zugehörigkeit zu einer Gruppe scheinbare Größe und Bedeutung zu gewinnen. Vor diesem Hintergrund entstehen dann sogenannte narzisstische Gruppen, die sich nach außen durch Überheblichkeit und Feindseligkeit hervortun (während der innere Zusammenhalt überraschenderweise eher unsicher und labil ist).[41] Das verletzte Selbstwertgefühl der zu einer narzisstischen Gruppe gehörenden Menschen ist die Quelle des von ihnen ausgehenden Hasses. Foren, in denen sich dieser Hass Ausdruck verleiht, sind die Straße und das Internet, das sich zu einer gefährlichen Bühne wechselseitiger Aggression und Dehumanisierung entwickelt hat.[42]

Rechtsradikalismus, Nationalismus und Rassismus sind Versuche, soziale Identitäten zu konstruieren, mit denen Menschen in Gruppen unterschiedlichen Rechts eingeteilt werden sollen. Kriterien des Geschlechts, der sexuellen Orientierung, der Ethnie, des Geburtsortes und weitere persönliche Kriterien sollen darüber entscheiden, in welchem Umfang ein Mensch seinen Anspruch auf Würde, auf Rechte und auf Aufenthalt anmelden darf. Wir sollten mit diesen Gruppen eine inhaltliche Auseinandersetzung führen.[43] Ihnen ist entgegenzuhalten, dass in einer Zeit der globalen Bedrohung unserer Erde die Liebe zur Natur und zu dem, was wir Heimat nennen, nicht am Gartenzaun und nicht an Ländergrenzen endet. Die ökologische Bewahrung der Erde, die Bewahrung ihrer Natur und die Bewahrung von »Heimat« sind nur dann möglich, wenn wir sie als weltweite, universale Aufgabe sehen und angehen. Die immer bedrohlichere Dürre in brandenburgischen Landstrichen lässt sich nicht dadurch bekämpfen, dass Geflüchtete schlecht behandelt werden. Wichtig ist, die inhaltliche Auseinandersetzung durch Verbesserungen bei der sozialen Gerechtigkeit zu ergänzen, um diejenigen, die innerhalb unserer Gesellschaft tatsächlich benachteiligt sind, nicht in die Arme narzisstischer Gruppen zu treiben.

Die demokratischen Gesellschaften der westlichen Länder sollten die von antidemokratischen Kräften ausgehenden Gefahren nicht bagatellisieren. Wir sollten uns aber auch nicht einschüchtern lassen und die tatsächlichen Mehrheitsverhältnisse nicht aus den Augen verlieren. Die allermeisten Gruppen in den westlichen Ländern sind, unabhängig davon, ob und welche sozialen Identitäten (landsmannschaftlicher, kultureller, religiöser oder anderer Art) sie auch immer für sich gelten lassen würden, Identitäten verpflichtet, die *für* und nicht *gegen* etwas stehen. Da nicht aggressive soziale Gruppen wenig Lärm um sich machen, fallen sie weit weniger auf als

»narzisstische Gruppen«, deren nach außen gerichtete Aggressivität in der Regel einen hohen Lärm- und damit einen hohen Wahrnehmungspegel erzeugt (dem die Medien nur allzu gerne Resonanz geben). Ein wirksames Gegengift gegen die gegenseitige Selbst- und Fremdkategorisierung von Menschen ist, dass sich Menschen mit unterschiedlicher Gruppenidentität persönlich, also von Mensch zu Mensch begegnen. Mit jemandem, der einer anderen gesellschaftlichen Schicht oder einer anderen Ethnie angehört, persönlich Kontakt aufzunehmen, zu sprechen oder gar gemeinsam etwas zu unternehmen, hat eine »De-Kategorisierung« zur Folge: Der andere Mensch verliert so den die Wahrnehmung verzerrenden Status der Gruppenidentität und wird zu einem Individuum, zu einem Menschen wie Du und Ich. De-Kategorisierung hat Re-Humanisierung zur Folge und stärkt die Empathie innerhalb einer Gesellschaft.

Die ökologische Bewahrung der Welt ist ein universeller Anspruch und der Universalität der Menschenrechte an die Seite zu stellen. Empathie ist die Voraussetzung dafür, dies wirklich zu begreifen. Nur wenn die prekäre ökologische Lage unseres Planeten nicht nur unsere Vernunft, sondern auch unsere Gefühle erreicht, werden wir das Momentum und die Energie gewinnen, unsere Lebensweise zu ändern.

Die Fähigkeit zur Empathie setzt voraus, dass Menschen sich empathisch wahrgenommen und sozial akzeptiert fühlen. Wir sollten uns daher gegenseitig empathisch begegnen, Empathie wachsen lassen und so die innergesellschaftlichen Empathie-Potenziale aktivieren. Allein der Vorsatz, sich empathisch zu verhalten, kann Wirkung entfalten, wie neuere

Studien zeigen.[44] Wie bereits erwähnt, sind vor allem die ersten Lebensjahre für die Empathie-Entwicklung des Menschen von besonderer Bedeutung. Frühe Erfahrungen hinterlassen einen besonders tiefen Abdruck in der Persönlichkeit eines Menschen. Je sicherer sich der einzelne Mensch seines Selbstwertes ist, je stabiler sich sein Selbstwertgefühl entwickeln konnte, desto eher wird er oder sie den Weg in eine engagierte Gruppe finden und desto geringer ist die Gefahr, in der eigenen Biografie erlittene Verletzungen in einer narzisstischen Gruppe kompensieren zu müssen. Um einer solchen, den Zusammenhalt der Gesellschaft gefährdenden Entwicklung entgegenzuwirken, sollte jedes Kind gute Fürsorge und Empathie erleben. Wenn junge Menschen empathisch begleitet groß werden dürfen, werden sie nicht nur dazu in der Lage sein, ihren Mitmenschen Empathie weiterzugeben, sondern auch fühlen können, was die Welt fühlt.

Zusammenfassung

Die evolutionäre Vorgeschichte des Menschen hat zwischen unserer Spezies und der Natur eine einzigartige Verbundenheit entstehen lassen. Sich in andere Lebewesen intuitiv einfühlen zu können und zu fühlen, was die Welt fühlt, war für unsere Vorfahren überlebenswichtig. Die ursprüngliche Fähigkeit des Menschen, die Natur als einen empathischen Lebensraum zu empfinden, der uns umgibt, wie eine schwangere Frau ihr Kind umhüllt, ist verschüttet. Das erklärt, warum ungeachtet der äußerst bedrohlichen ökologischen Lage, in der sich unsere Welt heute befindet, viele Menschen sich nicht wirklich angesprochen fühlen und kein oder nur geringes Engagement zeigen. Die Auflösung dieses Widerspruchs kann nur gelingen, wenn wir die Empathie, die Menschheit und Natur einst verbunden hat, wiederentdecken und stärken. Zwischenmenschliche Empathie und die Empathie zwischen Mensch und Natur stehen in wechselseitigem Zusammenhang. Die ökologische Bewahrung der Welt ist ein universeller Anspruch und der Universalität der Menschenrechte an die Seite zu stellen. Empathie ist die Voraussetzung dafür, dies wirklich zu begreifen. Nur wenn die prekäre ökologische Lage unseres Planeten nicht nur unsere Vernunft, sondern auch unsere Gefühle erreicht haben wird, werden wir das Momentum und die Energie gewinnen, um unsere Lebensweise zu ändern.

2 WIE ALLES BEGANN

Über den Ursprung menschlicher Zivilisation und ihre Auswirkungen auf die Empathie

Die Beziehung zwischen Mensch und Natur gleicht den Szenen einer Partnerschaft, die in Schwierigkeiten geraten ist: Die beiden Beteiligten vermuten, dass sie sich – vor langer Zeit – wohl einmal geliebt haben müssen, woran sie sich manchmal nur noch schwach und wehmütig erinnern. Inzwischen hat sich das Zusammenleben jedoch zu einer Abfolge heftiger Auseinandersetzungen entwickelt, die zwar immer wieder von Momenten gegenseitiger Treueschwüre unterbrochen werden, denen kurze Zeit später dann aber neue schwere Konflikte folgen. Wiederholte Trennungsversuche sind gescheitert. Beide Partner sind inzwischen aneinander erkrankt. Langsam beginnt sich die Erkenntnis breitzumachen, dass das weitere Zusammenleben auf einen gemeinsamen Untergang hinauslaufen könnte. Da beschließen die beiden, an den Ort zurückzukehren, an dem sie sich einst kennengelernt und ineinander verliebt hatten, den sie, nachdem die Konflikte begonnen hatten, die seither ihr Zusammenleben prägen, dann aber verlassen hatten. Die Zeit lässt sich nicht zurückdrehen. Das Ziel der Rückkehr an den Ort, an dem alles begann, kann aber ein lohnender Versuch sein, sich zu erinnern und Revue passieren zu lassen, was den Wandel vom gemeinsamen Glück zum Dauerzustand ständigen Aneinander-Leidens bewirkt hat. Eine solche Rückkehr an den Ausgangspunkt der Schwierigkeiten möchte ich, in unserem Falle mit Blick auf die Beziehung von Mensch und Natur, in diesem Kapitel unternehmen.

Sesshaftwerdung (»Neolithische Revolution«): Beginn der Entfremdung zwischen Mensch und Natur

Eine Rückkehr an den Ausgangspunkt der Schwierigkeiten zwischen Mensch und Natur bedeutet die Rückkehr in eine Zeit der Menschheitsgeschichte, in welcher die Natur für den Menschen ein ständig präsentes, ständig gefühltes Gegenüber war und in der Pflanzen und Tieren bis zu einem gewissen Grade Personeneigenschaften zugemessen wurden. Wann und wie hat sich unsere Sicht auf die Natur von einem ehemals empathischen Blick zu einer unempathisch kühlen Betrachtungsweise gewandelt, ähnlich wie im Falle des eingangs erwähnten Paares?

Es scheint erst der inzwischen weit fortgeschrittenen Entfremdung des modernen Menschen von seiner natürlichen Welt bedurft zu haben, um die Natur wieder als ein bedeutsames Gegenüber wahrzunehmen, um sie in gewisser Weise wie eine Person zu sehen, die man vermissen und deren Fehlen einen ernsthaft krank werden lassen kann, die den Menschen, wenn sie ihn umgibt, aber auch gesund machen und beglücken kann. Dass die Natur als »Gegenüber« des Menschen nicht nur eine Ansammlung von biologischen Apparaten, sondern in ihrer systemischen Gesamtheit ein Wesen ist, das fühlt und reagiert, ist uraltes menschliches Wissen. Dass manche dieses Wissen für überholt und für romantischen Unsinn halten, ist eine der vielfältigen Ursachen der globalen Katastrophe, der wir uns nähern. Das begreifen seit einigen Jahren auch allmählich die Wissenschaften.

Menschheit und natürliche Welt waren über Hunderttausende von Jahren durch gegenseitige Empathie miteinander verbunden. Dankbarkeit, Respekt und Demut gegenüber der Natur finden sich, wie auch viele Untersuchungen zeigen, nicht nur bei zahlreichen heute noch existierenden indigenen Völkern. Sie finden sich auch bei vielen Menschen aus vermeintlich fortschrittlichen Industriestaaten. Ein heiliger Respekt vor der Natur und ein Wissen darüber, dass die Verweigerung dieses Respekts einen gefährlichen Absturz des Menschen nach sich ziehen kann, zeigt sich bereits in den ältesten Mythen der Menschheitsgeschichte. Die Gründe dafür, dass Menschen die Natur als ein empathisches Gegenüber wahrnehmen, sind bei einem Blick zurück nicht schwer zu verstehen: Was unsere evolutionären Vorfahren der Natur als Sammler – und zu einem späteren Zeitpunkt dann auch als Jäger – entnehmen konnten, wurde ihnen einst frei gegeben. Ohne Gegenforderungen zu stellen, gab die Natur jedem Menschen, was er oder sie brauchte, um zu überleben.

Die Erfahrung, von der Natur ohne Gegenleistung beschenkt zu werden, beschränkte sich nicht nur auf unsere Vorfahren. Sie widerfährt auch uns. Es genügt, drei Stunden pro Woche im Wald zu verbringen, um nicht nur das Wohlbefinden, sondern auch die objektive Gesundheit des modernen Menschen messbar zu verbessern. Metaphysik, Romantik? Nein, Wissenschaft. Die beglückende Erfahrung, in der Natur ein empathisches Gegenüber zu haben, das den Menschen bedingungslos beschenkt, ist Realität. Menschen, die dieses Glück erfahren, verhalten sich nicht nur gegenüber ihresgleichen, sondern auch gegenüber der Natur empathischer, fühlen sich für die Natur verantwortlich und setzen sich für ihren Erhalt ein. Auch dies sind Erkenntnisse, die wir wissenschaftlichen Studien verdanken.[45] Dass uns eine tiefe, wenn auch von vielen nicht eingestandene empathische Beziehung mit unserer Umwelt verbindet, erklärt auch Folgendes: Laut einer internationalen Untersuchung fühlen sich mehr als 30 Prozent aller heute lebenden Menschen aufgrund der von ihrem Lebensstil ausgehenden Belastungen gegenüber der Natur schuldig. Doch Schuldgefühle helfen nicht weiter, eher das Gegenteil ist zutreffend.

Die innige Verbindung, die unsere Spezies mit der natürlichen Welt einst verband, zeigt sich, wie bereits erwähnt, auch bei etlichen indigenen Völkern. Tiere sind in vielen (glücklicherweise) noch existierenden vorzivilisatorischen Kulturen selbst dann, wenn sie den Menschen als Nahrungsquelle dienen, Lebewesen auf Augenhöhe. In vielen indigenen Gesellschaften wird das Wissen bewahrt und weitergegeben, wonach dem Menschen ernste Konsequenzen drohen, wenn Tieren der partnerschaftliche Respekt verweigert wird.

Eines von vielen schönen Beispielen ist eine Sage, die bei den in der subarktischen Tundra im Norden Labradors lebenden Innu erzählt wird. Ein Teil ihrer Ernährung bildet das Fleisch der von ihnen erlegten Karibus, einer Elchart. Ein im Lebensraum der Innu liegender hoher Berg, den die Innu »Caribou House« (Haus der Karibu) nennen, ist der Sage zufolge der Sitz des Obersten aller Elche. Nachdem, so die Sage, ein Teil der Innus unter den Elchen einst ein übles Gemetzel angerichtet und dabei auch die Jagdrituale nicht beachtet hatte, waren die Tiere plötzlich gänzlich verschwunden. Der reale Grund für das Verschwinden dürfte gewesen sein, dass die Innu den Tierbestand überjagt hatten. Der Sage zufolge hatte jedoch der Chef aller Elche seine Untergebenen ins »Caribou House«, also in den Berg, zurückgerufen. Die Innu erlitten eine Hungersnot. Erst nachdem sie im Rahmen von Ritualen ihre Reue bekundet hatten, entließ das oberste der Tiere seine Artgenossen wieder aus dem Berg.[46] Die Sage zeigt sehr schön, wie Mythen bei genauer Betrachtung fast immer einen realen Kern enthalten. Der Grund, warum Mythen einst von ihren Schöpferinnen oder Schöpfern erdichtet wurden, ist meistens eine versteckte Lehre, die den Nachkommen mitgegeben werden soll.

Berichte von Ethnologen, Anthropologen und Kulturforschern sind reich an Erzählungen über die, wie ich es nennen möchte, »empathische Magie«, die der Begegnung zwischen Mensch und Tier bei vorindustriell lebenden Völkern innewohnt. Dieser Magie kann sich auch der moderne Mensch nicht entziehen, wenn er sich auf eine Begegnung einlässt und sich die Zeit dafür nimmt. Wer hat nicht gefühlt, dass wir, wenn wir einen Elefanten, einen Menschenaffen oder einen klugen Hund vor uns haben, einem Mit-Geschöpf in die

Augen blicken und dass wir dann, wenn dieses Tier unwürdigen Bedingungen ausgesetzt sein sollte, unsrerseits seinem fragenden Blick ausgesetzt sind?

Inder aus dem Umfeld der Nayaka-Dynastie betrachten Elefanten als Urverwandte des Menschen, denen sie eine dem Menschen ähnliche Intelligenz zuschreiben. Identifikationen zwischen Mensch und Tier betreffen viele weitere Tierarten, neben Elefanten auch Wale, Delfine und einige gejagte Landtiere. Die Anthropologin Margaret Lantis berichtete von arktischen Jägern, die beim Baden und Schwimmen bewusst die Bewegungen von Walen imitieren. Ihren Respekt vor den Tieren brächten sie unter anderem auch dadurch zum Ausdruck, dass sie erjagte Tiere, wenn sie an Land gebracht würden, mit einem Glas mitgebrachten Süßwassers und weiteren Ritualen des Respekts begrüßten.

Auch die Anthropologin Charlotte Coté, selbst Angehörige eines indigenen, an der Nordwestküste Kanadas lebenden Stammes, beschreibt die Beziehung ihrer Volksgruppe zu Tieren als geprägt von Respekt und Dankbarkeit. Dem Fühlen der Tiere werde gar etwas »Heiliges« zugesprochen.[47] Wer, alleine im Meer schwimmend, die Einkreisung durch eine Gruppe von Delfinen und ihre ganz offensichtlich intendierte liebevoll fürsorgliche Kontaktaufnahme erleben konnte, dem wird deutlich, dass Menschen, welche die Möglichkeit einer empathischen Beziehung zwischen Mensch und Tier bestreiten, an einer Störung der Weltwahrnehmung leiden. Tatsächlich wird die Begegnung mit Tieren erfolgreich zur Behandlung psychisch traumatisierter Menschen eingesetzt. Ich werde niemals den Blick der Tiere vergessen, als ich als junger Arzt und Forscher am National Institute of Health in Bethesda (Maryland, USA) in einer Abteilung, in der am HI-Virus geforscht wurde, einen Vortrag hielt. Bei dieser Gelegenheit ließ ich mir von einem Tierpfleger die riesigen Käfige der Menschenaffen zeigen. Der Tierpfleger berichtete mir, keiner seiner Kollegen sei psychisch in der Lage, die Arbeit mit den gefangenen Primaten länger als ein oder zwei Jahre zu leisten.

Eine Möglichkeit, die Entfremdung in einer Beziehung zu ergründen und zu verstehen, kann, wie eingangs dieses Kapitels erwähnt, darin bestehen, an den Punkt zurückzukehren, an dem die Probleme ihren Anfang genommen haben. Zu der Frage, wo dieser Punkt im Falle der Entfremdung zwischen Mensch und Natur zu suchen ist, liegt eine Reihe von stichhaltigen Hinweisen vor. Natürlich ist bei einer Rückschau in die Geschichte der Menschheit Vorsicht geboten. Niemand kann sagen, wie sich unsere Vorfahren in einer Zeit gefühlt haben, zu der sie als nicht sesshafte Sammler, später dann auch als Jäger durchs Gelände streiften. Wenn ihm auch jeder Komfort fehlte, so war dem als Sammler und Jäger lebenden Menschen aber eines gewiss: Seine Person und sein Lebensraum waren Teil einer ganzheitlichen, holistischen Naturwelt und in deren Rhythmen eingebettet. Menschliche Habitate und Biotope des Tierreichs waren *eine* Welt.

Der nicht sesshafte Mensch erlebte sich als Teil eines universalen animistischen Zusammenhangs. Er war integraler Teil all dessen, was lebte, kreuchte und fleuchte. Tiere wurden als gleichberechtigte Akteure auf einer gemeinsamen Bühne wahrgenommen, sie waren für den Menschen Subjekte, so wie er selbst eines war. Über zehntausend Jahre alte Gravuren in Steingefäßen, die ich mit Archäologen untersuchen konnte und die von Menschen angefertigt worden waren, die in der Übergangszeit vom Sammler- und Jägertum zur beginnenden Sesshaftwerdung lebten, zeigen Tiere und Menschen tanzend, in einer Art fröhlicher Eintracht, wie auf gemeinsam gefeierten Festen.[48] Menschliche Gemeinschaften lebten, bevor der Mensch sesshaft wurde, in Gruppen mit bis zu etwa 150 Menschen in flachen Hierarchien zusammen. Es herrschte weitgehende Egalität. Fast alles, was man besaß, wurde geteilt oder getauscht (die archäologische Forschung spricht von »General Reciprocity«). Keiner hungerte, wenn nicht alle hungerten. Das gemeinsam genutzte Gelände war allen zugänglich (»Open Access Territories«).[49]

Beginnend vor rund 12 000 Jahren, am Ende der letzten Eiszeit, erlebte die Menschheitsgeschichte einen Umbruch, wie er tiefer nicht hätte sein können. Der Mensch begann, sesshaft zu werden. Diese Phase markiert den Beginn menschlicher Zivilisation und trägt den Namen »Neolithische Revolution«. Seinen Anfang nahm das Geschehen an zwei Ausgangspunkten: zum einen am Oberlauf von Euphrat und Tigris, im sogenannten obermesopotamischen Hochland, einem heute auf dem Boden der südöstlichen Türkei liegenden Gebiet; der andere Ausgangspunkt war das Jordantal.[50] Beide Zonen zusammen bilden, wenn man sie miteinander verbindet, auf der Landkarte einen geografischen Bogen, der als »Fruchtbarer Halbmond« bezeichnet wird. »Fruchtbar« war er, weil diese heute klimatisch extrem trockene Zone damals bewaldet und mit wilden Tieren belebt war. Da ich mich seit vielen Jahren mit den Ursachen menschlicher Gewalt befasse und in einem erstmals im Jahre 2011 erschienenen Buch[51] die Rolle der Sesshaftwerdung des Menschen für die Zunahme von Gewalt thematisiert habe, kam ich kurz nach Erscheinen dieses Buches in Kontakt mit archäologischen Forscherkollegen in Freiburg und Berlin.[52]

Auf Einladung der US-amerikanischen Templeton Foundation konnte ich 2013 an einer wissenschaftlichen Konferenz mitwirken, die sich – direkt vor Ort – mit Göbekli Tepe befasste, einem von dem deutschen Archäologen Klaus Schmidt entdeckten prähistorischen Versammlungsort. Es handelt sich um eine Art Bergheiligtum, welches im 10. Jahrtausend vor Christus angelegt worden war. Die in der Region des Oberlaufes von Euphrat und Tigris gelegene Anlage zählt zu den ältesten Spuren beginnender menschlicher Sesshaftwerdung. Die gemeinsame interdisziplinäre Beschäftigung mit Göbekli Tepe (und dann auch mit weiteren Anlagen im Umkreis) entwickelte sich zu einer seither anhaltenden fruchtbaren Zusammenarbeit.[53] Sie wurde später auf die wissenschaftliche Beschäftigung mit einer Siedlung im Jordantal ausgedehnt, die von dem deutschen Archäologen Hans-Georg Gebel entdeckt und im 8. vorchristlichen Jahrtausend, versteckt am Ende eines schwer zugänglichen Siq (einer engen, ansteigenden Felsenschlucht), angelegt worden war.[54] Die gewaltigen Veränderungen, welche die Sesshaftwerdung des Menschen nach sich zog, lassen sich nur verstehen, wenn Archäologen, Ethnologen, Anthropologen, Philosophen, Biologen, Psychologen und Neurowissenschaftler zusammenarbeiten, so wie im Falle des erwähnten Workshops der Templeton Foundation geschehen.

Welche Motive Menschen vor rund 12 000 Jahren veranlasst haben könnten, erstmals den Versuch zu wagen, in aus Stein und Holz gebauten Siedlungen an einem festen Platz über Generationen hinweg zusammenzuleben, lässt sich nicht mit Sicherheit sagen. Fest steht, dass eine Betrachtung der Sesshaftwerdung des Menschen drei fundamentale Aspekte ins Auge fassen muss. Der erste Aspekt betrifft den Zusammenhang der Sesshaftwerdung mit dem Beginn der *Bewirtschaftung der Natur* in Form von landwirtschaftlichem Anbau (von Urgetreide), Viehhaltung und der Herstellung von Produkten aus Stein, Holz, Fellen, pflanzlichen Fasern, Perlen und Edelsteinen. Diesem eher materiellen Aspekt gleichgestellt, wenn nicht sogar übergeordnet sind weitere Gesichtspunkte. Der zweite betrifft tiefgreifende und folgenschwere *Veränderungen des sozialen Zusammenlebens*. Der dritte Aspekt hat mit einem fundamentalen *Wandel der mentalen Einstellung des Menschen gegenüber sich und der Welt* zu tun.

Die Veränderungen des sozialen Zusammenlebens waren gewaltig.[55] Die Sesshaftwerdung bedeutete die »Erfindung« des Eigentums an Grund und Boden und die »Erfindung« des Menschen als Arbeitskraft. Sie brachte Arbeitsteiligkeit und die Ausbildung entsprechender Hierarchien mit sich und erforderte die Einführung sozialer Regel- und Ordnungssysteme, nicht zuletzt, um Ressourcen und Produkte zu verteilen. Was jetzt ebenfalls begann, war die Inbesitznahme von Menschen durch Menschen, und hier insbesondere die Benachteiligung der Frau und ihre Anbindung an das häusliche Umfeld.[56] Die natürliche, intuitive Kooperationsbereitschaft des Menschen dürfte nach Beginn seiner Sesshaftwerdung nicht mehr ausgereicht haben, um Konkurrenz und Neid, Betrugs-, Flucht- und Auflösungstendenzen, Trittbrettfahrerei und weiteren sozialen Zentrifugalkräften entgegenzuwirken. Die Sesshaftwerdung brachte daher auch die »Erfindung« einer expliziten Gruppenidentität, einer »Social Identity« mit sich, und damit die »Erfindung« von »Ingroup« und »Outgroup«, von »Wir« und »die Anderen«. Ungeteilte Empathie und generalisierte Gegenseitigkeit waren gestern, jetzt beschränkte sich die Empathie vor allem auf die eigenen Leute. Aus generalisierter wurde begrenzte Reziprozität (»Confined Reciprocity«).

Wie konnten unter den neuen Bedingungen in einer Gemeinschaft Loyalität und Zusammenhalt sichergestellt werden? Dazu könnten einerseits idealisierte Personen gedient haben, in denen sich die Gruppe verkörpert sieht, was eine stärkere soziale Hierarchiebildung begünstigt. Hinweise auf Ahnenkulte wie zum Beispiel eingegipste, im Wohnbereich aufbewahrte Köpfe Verstorbener sprechen für diese Variante. Loyalität und Zusammenhalt könnten in frühen Gemeinschaften andererseits aber auch auf einem ausgeprägten handwerklichen Mannschafts- oder Korpsgeist beruht haben. Für diese eher egalitäre oder »demokratische« Variante der gesellschaftlichen Organisation würde sprechen, dass eine Siedlung Werkstätten aufweist und Hinweise auf stark herausgehobene Einzelpersonen fehlen.

Interessanterweise finden sich bereits am Beginn der Sesshaftwerdung sowohl Beispiele für die »autoritäre« als auch für die »demokratische« Variante.[57] Beide Modelle einer gesellschaftlichen Ordnung sind uns auch heute bestens bekannt.

Vermutungen gehen dahin, dass die im Norden des »Fruchtbaren Halbmonds« gelegenen Siedlungen eher deutlich ausgeprägte, die im Jordantal gelegenen möglicherweise eher flache Hierarchien praktiziert haben könnten.[58]

Nachdem ich mit der *Bewirtschaftung der Natur* und mit den *Veränderungen des sozialen Zusammenlebens* nunmehr zwei der drei genannten Aspekte bereits angesprochen habe, möchte ich mich dem dritten zuwenden. Er hat mit einem fundamentalen *Wandel der mentalen Einstellung des Menschen gegenüber dem eigenen Selbst und der Welt* zu tun. Die Sesshaftwerdung bedeutete, dass der Mensch sich von der Natur zu emanzipieren begann. Dem Leben in einer holistischen natürlichen Welt, deren integraler Teil der Mensch gewesen war, folgte eine Lebensweise, bei der die Natur benutzt wurde, um ihr gleichsam eine Gegenwelt entgegenzustellen. In dieser menschengeformten Gegenwelt wurde nun selbst etwas produziert, wurden Produkte hergestellt und bevorratet. In Steinbrüchen wurden Steine gebrochen, in Wäldern Bäume gefällt, Ackerland wurde freigelegt, Vieh geweidet, Felder wurden bestellt. Mit der Sesshaftwerdung wurde die Natur für den Menschen zum Gebrauchsobjekt, sie wurde kontrolliert und manipuliert. Damit verbunden war für den sesshaft werdenden Menschen ein grundlegender *Wandel der mentalen Einstellung* zur Welt.

Die Sesshaftwerdung bedeutete, dass zur jahrtausendealten, durch Intuition und Gefühl geprägten inneren Grundhaltung des Menschen jetzt eine utilitaristische, also an Zweck und Nutzen orientierte, ökonomisch ausgerichtete zweite innere Grundeinstellung hinzutrat. Beide Grundhaltungen standen und stehen bis heute miteinander in einem Spannungsverhältnis, sie begründen einen immerwährenden Konflikt. Die utilitaristische, ökonomische Grundhaltung veränderte nicht nur den Blick des Menschen auf die Welt, sondern auch den eigenen Blick auf den Menschen selbst. Mehr noch: Der Mensch selbst veränderte sich.[59] Denn nicht nur »draußen« in der Welt wurden mit Beginn des zivilisatorischen Prozesses Ressourcen und Produkte nunmehr gemessen, verglichen und in ihrem Nutzen und Ertrag gegeneinander abgewogen. Der Mensch begann, sich jetzt auch selbst dem Nützlichkeitsprinzip zu unterwerfen.

Die Emanzipation von den Rhythmen und Kreisläufen einer holistischen Natur, deren Teil er gewesen war, bedeutete nicht nur, dass der Mensch nach seiner Sesshaftwerdung begann, die Rhythmen und Kreisläufe der Natur zu stören, sondern auch, dass er seinen eigenen Organismus von der Natur und deren immanenten Gesetzen abkoppelte. Wechsel zwischen Phasen des Tätigseins und der Ruhe, angemessene Gelegenheiten zum Schlaf, die Art und der Rhythmus der Ernährung und nicht zuletzt das Bedürfnis, Zeit in geselliger Gemeinschaft zu verbringen, gerieten nun unter das Regime externer Taktgeber, von außen gesetzter Vorgaben und – tatsächlicher oder scheinbarer – Notwendigkeiten. »Agriculture was above all a domestication of the human species«, wie der französische Archäologe Jacques Cauvin spitz und treffend formulierte.[60] Die Sesshaftwerdung bescherte dem Menschen die »Erfindung« dessen, was wir heute »Stress« nennen. Der Nichtbeachtung der Natur folgte – und folgt – unvermeidlich die Vernachlässigung eigener Bedürfnisse. Die Nichtbeachtung von Bedürfnissen, seien es die der Natur, die unserer Mitmenschen oder die eigenen, bildet den Gegenpol zur Empathie.

Unsere Zeit, die sogenannte Moderne, ist nicht die erste, die sich über den Beginn der Entfremdung des Menschen von der Natur Gedanken machte. Einer der ältesten Mythen der Menschheit, die Paradieslegende, schildert diese Entfremdung als eine Vertreibung des Menschen aus einem »Paradies« genannten Land des Glücks.[61] Ackerbau und Viehzucht sind in der biblischen Legende dem Menschen von Gott auferlegte Strafen. Die Vorstellung einer einstmals harmonischen Welt des Friedens und des Glücks findet sich auch in anderen, teilweise noch älteren Mythen wie dem sumerischen Dilmun-Mythos.[62] In der biblischen Paradieslegende geht der Vertreibung des Menschen ein Übergriff auf die Natur voraus: Eva, die Frau an der Seite Adams, habe Hand an einen heiligen Baum angelegt (dass sie zum verbotenen Verzehr eines Apfels verführt worden sei, ist unzutreffend und beruht auf einer falschen Übersetzung des Wortes »malum« aus dem Lateinischen).[63] Interessant ist, dass die Bibel als Konsequenz der sündhaften Übertretung nicht nur die Arbeit nennt, die der Mensch nunmehr im Schweiße seines Angesichts zu leisten habe, sondern auch den mit der neuen Situation einhergehenden Utilitarismus, also das Gemessen- und Verglichen-Werden, den Neid, die gegenseitige Missgunst und – mit dem Totschlag Abels durch seinen Bruder Kain – schließlich auch die Gewalt. Die Bibeltexte wurden etwa tausend Jahre vor Christi Geburt niedergeschrieben, in ihrer mündlich weitergegebenen Form sind die in ihnen wiedergegebenen

Mythen mit Sicherheit erheblich älter. Eine Besorgnis, was der zivilisatorische Prozess mit dem Menschen anrichtet, scheint im Gefolge der Sesshaftwerdung schon früh aufgekommen zu sein.

Die Natur schlägt zurück: Entstehung und Kollaps menschlicher Kulturen

Die neolithische Revolution ist, genau betrachtet, ein bis heute anhaltender Prozess. Die durch den Menschen vollzogene Unterwerfung der Natur war ein Abenteuer ohnegleichen. Dieses Abenteuer bot und bietet der Menschheit bis heute gewaltige Chancen der technischen und kulturellen Entfaltung. Es war und ist zugleich aber mit erheblichen Risiken verbunden, den Untergang eingeschlossen. Die Risiken können den inneren Zustand einer Zivilisation betreffen, insbesondere soziale Verwerfungen und nicht mehr steuerbare innergesellschaftliche Konflikte. Vor allem zum Untergang von Kulturen beigetragen haben aber durch zivilisatorische Aktivitäten verursachte ökologische Krisen.

Was uns der Verlauf, den die Menschheitsgeschichte nach Beginn der neolithischen Revolution nahm, heute lehren kann, ist die Erkenntnis, dass schwere ökologische Krisen keine vorübergehende Erscheinung sind, die sich durch Abwarten überstehen lassen, sondern das Ende einer Kultur bedeuten können, und dies in überraschend kurzer Zeit. Die Untergangsszenarien, denen frühere Kulturen zum Opfer fielen, unterscheiden sich von der heutigen Situation allerdings in einem entscheidenden Punkt: Der Untergang früherer Imperien beziehungsweise Staaten war, global und mit Blick auf die Menschheit als Ganzes betrachtet, ein *regionales* Ereignis. Was heute auf dem Spiel steht, ist der *Globus als Ganzes*. Wir sind heute *eine* globale Schicksalsgemeinschaft. Das müssen wir schnellstens begreifen. Was ich nachfolgend in einem kurzen Überblick über frühere Reiche ausführen werde, betrifft heute die gesamte Erde. Eine zweite haben wir bekanntlich nicht zur Verfügung.

Ersten kleinen Siedlungen, die bis auf das 10. Jahrtausend vor Christus zurückgehen, folgte das Entstehen größerer Anlagen, sogenannter Mega-Sites, die den Umfang von Dörfern hatten und von bis zu mehreren Tausend Menschen besiedelt waren. Einen ersatzlosen, abrupten Abbruch zeigen bereits einige der frühesten Orte menschlicher Sesshaftwerdung. Am rätselhaftesten war und ist das Ende von Göbekli Tepe, der bereits erwähnten, im 10. vorchristlichen Jahrtausend errichteten Anlage. Das mit übermannshohen Stelen versehene Ensemble wurde, bevor es aufgegeben wurde, von seinen Erbauern beziehungsweise von deren Nachfahren komplett aufgeschüttet (die Anlage war damit vom Erdboden verschwunden und blieb so auf sensationelle Weise bis heute erhalten). Nicht nur Göbekli Tepe, auch andere Siedlungen, unter ihnen die Mega-Sites, wurden bis zum Beginn des 7. Jahrtausends vor Christus wieder aufgegeben. Die Besiedlung erstreckte sich meist über einige Hundert Jahre.[64] Ein Teil der Bewohner wurde zu Migranten, zog also weiter, gründete an anderer Stelle neue Siedlungen oder schloss sich bereits anderswo bestehenden Siedlungen an. Andere wiederum gaben das sesshafte

Leben gänzlich wieder auf und lebten mit ihren Tierherden fortan als Nomaden und Hirten. Über die Gründe der Aufgabe von Siedlungen wird spekuliert. Denkbar ist, dass das außerordentlich dichte Zusammenleben innerhalb der Siedlungen entweder Krankheiten oder soziale Konflikte (oder beides) nach sich zog, die mit der Zeit nicht mehr beherrschbar waren. Eine weitere Erklärungsmöglichkeit ist, dass die Rodung von Strauchwerk und Wäldern im regionalen Umfeld der Siedlungen das Verschwinden von Jagdwild und eine Austrocknung von Wasserläufen und Böden zur Folge hatte und – möglicherweise im Zusammenspiel mit klimatischen Veränderungen – die überlebenswichtigen landwirtschaftlichen Grundlagen vernichtete.

Während die Ursachen für die Aufgabe allerfrühester menschlicher Ansiedlungen im Ungewissen bleiben, lassen sich Krisen und Niedergang späterer Kulturen wissenschaftlich weit besser erforschen. Ein überaus wichtiger Schritt – nicht nur für die Menschheit als Ganzes, sondern speziell auch für die Archäologie und Geschichtswissenschaften – war die Erfindung der ersten Schrift, der Keilschrift. Sie wurde gegen Ende des 4. Jahrtausends vor Christus in Sumer entwickelt, dem ältesten der Reiche des Zweistromlandes. Schriftliche Überlieferungen und die Analyse von Material, das durch archäologische Grabungen zutage gefördert wurde, erwiesen sich in den vergangenen Jahrzehnten als überaus ergiebige Erkenntnisquelle. Als besonders wertvoll stellte sich die Möglichkeit heraus, ausgegrabene Materialien, unter anderem Spuren von Pflanzen, Bäumen, hölzernen Produkten, aber auch Knochen, mit radiochemischen Methoden[65] auf ihr

Alter zu bestimmen. Die kombinierte Anwendung verschiedener Methoden hat das Forschungsgebiet der Archäobotanik entstehen lassen. Wissenschaftler in diesem Bereich untersuchen, wo, wann und mit welchen Pflanzen oder Bäumen die Erde zu verschiedenen Zeiten der Erdgeschichte bewachsen war. Tatsächlich verdanken wir dem noch relativ jungen Forschungsgebiet der Archäobotanik einiges an Wissen über die vermutlich wichtigste Ursache für den Kollaps menschlicher Kulturen.[66]

Nicht weit entfernt von den erwähnten ersten menschlichen Ansiedlungen, allerdings mit einer zeitlichen Verzögerung von mindestens 3000 Jahren, sollten im Zweistromland, auf dem Gebiet des heutigen Irak, die ersten Städte der Menschheit entstehen, allen voran das zum Reich der Sumerer zählende Uruk[67] – eine Stadt, die in ihren besten Zeiten, also in den Jahren zwischen 4100 und 2900 vor Christus, bis zu 50 000 Einwohner zählte. Das bedeutendste dort ausgeübte Handwerk war die Töpferei. Uruk verdankt die Welt die Erfindung der Töpferscheibe. Für die Bewohner überlebenswichtig war der Anbau von Gerste. Sie wurde draußen vor der Stadt auf den fruchtbaren, allerdings auf Bewässerung angewiesenen Böden des Zweistromlandes angebaut.

Im oberen, nördlichen Teil des Zweistromlandes gab es damals riesige Wälder. Die langsame Entwicklung von Uruk zu einer für damalige Verhältnisse riesigen Stadt und die Entstehung weiterer Stadtstaaten im Zweistromland gingen mit einem ungeheuren Verbrauch an Holz einher. Das wurde nicht nur für den Hausbau, sondern auch als Brennmaterial für Töpfereien und für Werkstätten benötigt, die damals mit Kupfer und Bronze arbeiteten. Auch die Zubereitung von Speisen verbrauchte Brennholz. Um den Holzbedarf der mesopotamischen Stadtstaaten zu decken, wurden die Wälder am Oberlauf von Euphrat und Tigris über viele Jahrhunderte hinweg Stück für Stück gerodet. Die Stämme wurden mit Flößen den Euphrat hinab bis Uruk verfrachtet. Die Abholzung der Wälder führte zur Austrocknung und Erosion der Böden, die nun zunehmend von Euphrat und Tigris ausgeschwemmt und vom Flusswasser mitgeführt wurden. Das fortgeschwemmte Erdmaterial verstopfte im Unterlauf der beiden Ströme die dort angelegten Bewässerungskanäle für die Landwirtschaft. Das Material, welches die Kanäle verstopfte, musste mühsam wieder ausgehoben werden, wurde auf die Felder verteilt und hatte deren Versalzung zur Folge. Die Gerstenerträge sanken, es kam zu Hungersnöten und sozialen Unruhen. Der Niedergang Uruks war besiegelt.

Der Zusammenhang zwischen der Rodung der obermesopotamischen Wälder und dem Niedergang Uruks muss bereits die damaligen Zeitgenossen derart beeindruckt haben, dass er den Weg in die Welt der Sagen und Mythen fand. Die zentrale Figur des ältesten Mythos der Menschheit – des sogenannten Gilgamesch-Epos – ist Gilgamesch, der König von Uruk gewesen sein soll.[68] Das Epos ist umfangreich und enthält mehrere Geschichten. Eine davon erzählt von einer »Waldreise« des Königs. Gilgamesch habe sich einen großen Namen machen wollen und beabsichtigt, in Uruk weitere große Bauwerke errichten zu lassen und die Stadt mit einem hohen Holzzaun zu umgeben. Die Wälder Mesopotamiens, in denen er zu diesem Zweck habe Holz schlagen lassen wollen, seien von den Göttern jedoch für unantastbar erklärt worden. Wächter der Wälder war ein Riese namens Humbaba. Gilgamesch missachtete das göttliche Verbot, unternahm eine Reise zu den Wäldern und tötete Humbaba, was er sich als Heldentat anrechnete. Dann ließ er den Baumbestand abholzen. Als Folge seien Dürren aufgetreten.

Sehr hellsichtig und geradezu modern anmutend ist, wie die Gilgamesch-Geschichte den Zusammenhang zwischen dem Geltungsbedürfnis des Herrschers einerseits und seinen fatalen, ökologisch folgenschweren Entscheidungen andererseits herstellt. Zur gefährlichen Eigendynamik der Zivilisation gehört, dass Geltungssucht, Narzissmus und, nicht zu vergessen, Geldgier die ursprünglich in uns angelegte Empathie-Fähigkeit überlagern und zerstören können. Daran hat sich bis heute nichts geändert. Eine ganz besondere Gefahr geht auch heute von narzisstischen Führern aus, die in Politik und Wirtschaft ökologisches Unheil anrichten. Ihrem Treiben müssen wir Einhalt gebieten. Interessanterweise reichen die ältesten erhaltenen Fragmente mit Aufzeichnungen des Gilgamesch-Epos in eine Zeit zurück, die deutlich *nach* der Blütezeit Uruks liegt. Die Erkenntnis kam den Autoren des Gilgamesch-Epos also erst im Nachhinein und damit zu spät. Wollte man spätere Generationen warnen? Das in Uruk erkennbare Muster einer Abfolge von Waldrodung, Zerstörung der Böden und dem Niedergang eines Imperiums sollte sich im weiteren Verlauf der Geschichte noch vielfach wiederholen.

Eine nähere Betrachtung des Aufstiegs und Falls mehrerer großer Imperien, die ihre Blüte in den Jahrtausenden nach dem Niedergang der mesopotamischen Hochkultur hatten, ließ den Historiker John Perlin zu einer bedeutsamen Schlussfolgerung gelangen: Aufstieg und Kollaps großer Kulturen hängen aufs Engste mit der Bewirtschaftung und letzten Endes der Zerstörung des Waldes zusammen. Den Zusammenbruch einer Kultur nur mit dem Wald zu begründen wäre zu eindimensional – den Wald außen vor zu lassen allerdings auch. Was aus heutiger Sicht nur allzu leicht übersehen wird: In allen großen Imperien des Altertums und des Mittelalters spielte der Wald eine herausragende Rolle, die mit der Bedeutung zu vergleichen ist, die der Bergbau ab dem 18. Jahrhundert und die Ölförderung im 20. und 21. Jahrhundert für die modernen Industriegesellschaften hatten und weiterhin haben. Der Wald war vor unserer Zeit *der* Energieträger – und ohne Energie lief seit dem Beginn von Sesshaftigkeit und Zivilisation nichts. Diese Feststellungen bestätigen Überlegungen, die ich eingangs dieses Kapitels ausführte: Die Natur gibt uns. Und sie gibt uns unentgeltlich, sie ist eine empathische Natur. Wir waren einst unsererseits empathisch mit ihr verbunden. Weil wir mit Beginn des zivilisatorischen Prozesses begonnen haben, sie wie eine Ware zu behandeln, Geschäfte mit ihr zu machen und sie – siehe Gilgamesch und einige unserer heutigen Protagonisten – für unseren Größenwahn auszubeuten, haben wir den Blick dafür verloren, dass wir in einer *Beziehung* zu etwas stehen, das lebt. Inzwischen sind wir drauf und dran, dieses Gegenüber zu zerstören.

Wenn wir nicht begreifen, dass es heute nicht um den Niedergang irgendeines Imperiums geht, dem dann ein neues folgen wird, sondern um die Welt als Ganzes, sind wir verloren.

Im globalen Maßstab wird sich dann wiederholen, was die Geschichte mehrfach durchexerzierte. Griechenland mitsamt seinem aufs Ägäische Meer ausgestreuten Inselparadies war zwischen 1600 und 400 vor Christus die Heimat zweier Hochkulturen, zunächst der Mykenischen Kultur (von der uns der Dichter Homer in seiner Erzählung vom Trojanischen Krieg berichtet), dann der Kultur des klassischen Griechenlands mit den Stadtrepubliken Athen und Sparta, die sich zwischen 431 und 404 vor Christus den Peloponnesischen Krieg leisteten. Beide Kriege verbrauchten für den Schiffbau derart gewaltige Holzmengen, dass am Ende sowohl auf den Inseln als auch auf dem Festland nicht nur die Eichenwälder, von denen Homer erzählt, sondern alles, was abgeschlagen werden konnte, beseitigt war. Dem Verlust des Waldes folgte der Ruin der landwirtschaftlichen Flächen, der Untergang Griechenlands als Hochkultur war besiegelt.

Etwa zeitgleich mit den ägäischen Kulturen hatte das Seefahrerreich der Phönizier (von etwa 1000 bis 600 vor Christus) seine Blütezeit. Sein Zentrum lag im heutigen Libanon einschließlich der Mittelmeerküste des heutigen Israel. Für ihre Flotten, mit denen sie – Griechenland ausgenommen – den gesamten Mittelmeerraum befuhren und beherrschten, brauchten die Phönizier Holz, das sie sich durch die Rodung der sagenhaften Zedernwälder besorgten, die den Libanon einst bewaldeten. Als König Salomon von Israel im 10. Jahrhundert vor Christus einen Tempel bauen lassen wollte, schrieb er dem mit ihm befreundeten Phönizierkönig Hiram, der in Tyros residierte: »Lasse Zedern für mich fällen auf dem Libanon! Meine Leute sollen deinen Leuten helfen, und als

Lohn für deine Leute will ich dir bezahlen, was du verlangst.«[69] Den Tempelbau in Jerusalem hätten die Zedernwälder des Libanon sicher problemlos überstanden. Die Rodungen der Phönizier für ihre Flotten jedoch bedeuteten ihr Ende, dem dann das der Phönizier folgte.

Die Abholzung von Wäldern in großem Maßstab setzte sich im klassischen Römischen Weltreich fort, dessen Blüte sich auf eine Zeitspanne von 300 vor bis 200 nach Christus erstreckte. Rom brauchte Holz nicht nur für seine Flotten, sondern auch für seine Eisenhütten. Plinius der Ältere, ein römischer Schriftsteller, der im 1. Jahrhundert nach Christi Geburt lebte, erzählt in seinem Werk *Naturalis Historia*, die Wälder des italienischen Festlandes seien vor allem dort abgeholzt worden, wo Eisenprodukte (Rüstungen, Waffen, Werkzeuge und anderes) hergestellt worden seien. Auch Südengland, das damals zum Römischen Reich zählte, erlebte großflächige Rodungen, um Holz für die Bäder zu gewinnen, welche die Römer dort angelegt hatten. Einer der wesentlichen Gründe, warum Rom nördlich der Alpen den Versuch unternahm, die Germanen anzugreifen, dürften deren Wälder gewesen sein, auf die Rom ein Auge geworfen hatte und die für das Weltreich eine willkommene Energieressource gewesen wären (vergleichbar dem Öl der arabischen Länder für die industrialisierten Staaten). Der Untergang Roms hatte sicher mehr als nur einen Grund – die Erschöpfung seiner wichtigsten Energieressource, des Holzes, als einer der hauptsächlichen Gründe sollte aber nicht zu gering veranschlagt werden. Das Gleiche gilt für das zu seiner Zeit gewaltige Imperium Venedigs, das seine Blüte im 15. Jahrhundert erlebte. Venedig brauchte Holz für seine gewaltige Kriegs- und Handelsflotte. Auch hier gab es mehrere Faktoren, die den Untergang zur Folge hatten. Einer von ihnen war Holzknappheit.

Abholzungen großen Ausmaßes gab es, vor allem im Mittelalter und zu Beginn der Neuzeit, auch in Mitteleuropa.[70] Sie lassen sich vor allem für das 11. bis 13. nachchristliche Jahrhundert belegen, als die Bevölkerung stark anwuchs und die Stadtentwicklung einsetzte, später dann nochmals in der Zeit von der Renaissance (15./16. Jahrhundert) bis zur industriellen Revolution. Die in diesen beiden Phasen stark anwachsende Bevölkerung musste nicht nur mit Brennholz, sondern auch mit Nahrung versorgt werden. Letzteres machte Rodungen zur Gewinnung von landwirtschaftlich nutzbaren Flächen erforderlich. Was den Holzeinschlag betrifft, brachte die Industrialisierung sowohl auf dem europäischen Festland als auch in Großbritannien eine Entspannung, weil mit dem Abbau von Kohle nunmehr eine neue Energiequelle bereitstand (wobei die Kohle, ein fossiler Energieträger, bekanntlich nichts weiter ist als das zusammengepresste Holz aus früheren Jahrmillionen der Erdgeschichte).

Mit der Verfeuerung von Kohle, der einige Jahrzehnte später das Öl folgen sollte, wurde in der Geschichte der ökologischen Belastung ein neues Kapitel aufgeschlagen, nämlich das der Verpestung und der CO_2-Belastung der Luft, die inzwischen den Hauptbeitrag zur Erderwärmung leistet, deren Zeugen wir sind. Wälder machen aus dem Treibhausgas CO_2 Sauerstoff, also O_2. Die Natur würde uns helfen, auch hier begegnet sie uns als empathisches Gegenüber. Doch wir zerstören, was uns helfen könnte. Der Waldbestand Europas reicht für eine wirksame Entgiftung der inzwischen im Globalmaßstab verpesteten Luft bei Weitem nicht aus. Aufforstungen gewaltigen Ausmaßes wären der Weg. Doch nichts dergleichen geschieht. Schlimmer noch: Die globalen Waldzerstörungen (die englische Fachliteratur spricht von »Deforestations«), derzeit vor allem in Brasilien und Südostasien, haben ein Ausmaß angenommen, das alles bisher Dagewesene übersteigt. Gilgamesch lässt grüßen, unser Globus ist Uruk, wir stehen am Abgrund. Wir müssen zurückfinden zu einem empathischen Bezug zur Natur.

Zusammenfassung

Warnungen, dass die Verweigerung des Respekts gegenüber der Natur für den Menschen schwerwiegende Gefährdungen zur Folge haben kann, finden sich bereits in den ältesten Mythen der Menschheitsgeschichte. Wann und wie hat sich unsere Sicht auf die Natur von einem ehemals empathischen Blick zu einer unempathisch kühlen Betrachtungsweise gewandelt? Beginnend vor rund 12 000 Jahren, am Ende der letzten Eiszeit, erlebte die Menschheitsgeschichte einen Umbruch, wie er tiefer nicht hätte sein können: Der Mensch wurde sesshaft. Mit Beginn menschlicher Zivilisation wurde die Natur für den Menschen zum Gebrauchsobjekt. Die utilitaristische Grundhaltung veränderte nicht nur den Blick des Menschen auf die Welt, sondern auch auf sich selbst. Die Sesshaftwerdung bescherte dem Menschen die »Erfindung«

dessen, was wir heute »Stress« nennen. Die Nichtbeachtung von Bedürfnissen, seien es die der Natur, die unserer Mitmenschen oder die eigenen, bildet den Gegenpol zur Empathie. Die Geschichte lehrt, dass – beginnend mit dem Reich der Sumerer – der Untergang fast aller großen Imperien der Vergangenheit mit schweren, durch den Menschen verursachten ökologischen Krisen zu tun hatte. Unser Globus ist Uruk, wir stehen auch heute wieder nahe am Abgrund.

3 WIE SICH DIE ERDE FÜHLT

Weil sie jahrelang gelernt haben, den Menschen in seine Organe und molekularen Einzelteile zu zerlegen und zu analysieren (wogegen nichts einzuwenden ist), vergessen viele Ärzte, dass ihr Patient keine »Sache« ist, sondern ein lebendiges Wesen. Mit einem lebendigen Gegenüber ist man, ob einem das behagt oder nicht, immer in einer Beziehung. Aus der modernen Neurowissenschaft und Psychosomatischen Medizin kommt die Erkenntnis, dass die Art der Beziehung reale Auswirkungen auf die »Sache«, also auf die materiellen Aspekte des Körpers haben kann. Auch die uns umgebende natürliche Welt ist – jedenfalls in großen Teilen – keine leblose »Sache«, selbst wenn wir sie wissenschaftlich in ihre Einzelteile zerlegen und analysieren können (wogegen selbstverständlich ebenfalls nichts einzuwenden ist).

Dass ein Großteil der Menschen den emotionalen Kontakt zur Natur verloren hat, mag zwar dazu geführt haben, dass viele vergessen haben, dass Mensch und Natur durch eine Beziehung verbunden sind. Wenn die Tatsache einer Beziehung von einem der Partner vergessen oder verleugnet wird, hebt das jedoch die Tatsache einer Beziehung an sich nicht auf. Wenn ein Partner in einer Partnerschaft zum Beispiel dazu übergegangen ist, den anderen wie einen Dienstleistungsroboter, also wie eine leblose »Sache« zu behandeln, dann heißt das keineswegs, selbst wenn die Beteiligten dies leugnen sollten, dass hier nicht eine Beziehung bestünde, wenn auch eine verheerende. Der Schlüssel zum Ausweg aus den Schwierigkeiten, in denen wir und die Welt uns befinden, ist die Erinnerung oder Wiederentdeckung der Beziehung, in der wir zu ihr stehen.

Zu jeder Beziehung gehört die Frage der noch vorhandenen oder verlorengegangenen Empathie. Ohne Empathie, ohne den wenigstens ansatzweisen Versuch, die Situation des jeweils anderen zu verstehen, kommt es zu keiner gedeihlichen Beziehung. Unter allen Potenzialen, die dem Menschen von der Evolution mitgegeben wurden, ist die Empathie der tiefste Erfahrungs- und der kraftvollste Handlungsraum. Ihre Wiederentdeckung kann uns helfen, Abstand zur Konsumsucht, zu den digitalen Wichtigtuereien und zur Selbstüberschätzung unserer Zeit zu finden und uns auf das zu konzentrieren, was wirklich wichtig ist: Was wäre in unserer Zeit wichtiger, als auf unsere Umwelt und auf uns selbst zu achten und beides zu schützen? Wenn wir so weiterleben wie bisher, werden die Lebensräume für unsere Spezies verschwinden.

Die Geduld der Natur gegenüber unserer bisherigen Art zu leben neigt sich dem Ende zu. Die Menschheit gleicht einer außer Kontrolle geratenen Partygesellschaft, die mehr an Essen und Getränken konsumierte, als ihr guttat, sich dann mit dem vom Buffet ausgesperrten, hungernden Dienstpersonal (mit den Ausgebeuteten und Hungernden dieser Welt) eine Reihe von Schlägereien lieferte, schließlich den Garten ihres Gastgebers verwüstete und wegen Vergiftungserscheinungen in eine Klinik eingeliefert werden musste. Das empathische Angebot unseres Gastgebers, der Erde, ist langsam ausgereizt. In diesem Kapitel möchte ich die Datenlage ausbreiten, die es dringend und zwingend macht, dass wir zur empathischen Beziehung zurückkehren, die unsere Spezies einst mit der Natur verband.

Die »Gesundheit der Erde«, also ihre ökologische Verfassung, und die Gesundheit des Menschen hängen zusammen. Wir haben nicht nur aufgehört zu fühlen, was die Welt fühlt. Viele Menschen sind auch mit sich selbst nicht mehr in Kontakt. Zwar leben in unseren Breiten immer mehr Menschen immer länger. Die meisten Patienten berichten mir und meinen Kolleginnen und Kollegen aber seit Jahren, dass sie sich durchs Leben getrieben und gehetzt fühlen und keine wirkliche Erfüllung finden. Wir Menschen scheinen zunehmend das Gefühl dafür verloren zu haben, dass durch unsere Entfremdung von der Natur auch unsere eigene körperliche und psychische Gesundheit immer größeren Risiken ausgesetzt ist. Auch der hohe medizinische Standard, dessen sich der in einigen westlichen Ländern lebende Teil der Menschheit derzeit noch erfreut, wird uns nicht retten (abgesehen davon, dass er sich nicht wird halten lassen), wenn die Zerstörung natürlicher Lebensräume und die Klimaerwärmung fortschreiten.

Die Corona-Krise ist nur ein Glied in einer Reihe von Ereignissen, die sich fortsetzen wird. Sie ist eine Chance, endlich aufzuwachen, wenn wir ihre wahre Botschaft richtig lesen. Das ökologische Elend der Natur und die immer stärker gefährdete Gesundheit der Menschheit müssen *zusammen* gesehen werden. Eine solche Lagebeurteilung möchte ich in diesem Kapitel leisten. Was daraus folgen soll und was wir brauchen, sind kein Lamento und kein Pessimismus, sondern ein – nach außen, zur Welt, und nach innen, auf uns selbst gerichteter – empathischer Impuls.

Empathie bedeutet Kampf für eine bessere Welt

Empathie setzt zwar eine freundliche Grundhaltung gegenüber der Welt voraus, bedeutet jedoch nicht, einem unguten Lauf der Dinge zahm und passiv zuzuschauen. Empathie kann und muss, wenn die Lage es erfordert, auch Empörung, Widerstand, energisches Einschreiten, ja sogar Kampf bedeuten. Dabei sind drei Regeln zu beachten: Der Kampf muss, erstens, besonnen und geleitet von wissenschaftlichen Erkenntnissen geführt werden; er muss, zweitens, mit friedlichen Mitteln ausgetragen werden; und er erfordert, drittens, ein gemeinschaftliches, solidarisches und diszipliniertes Vorgehen. Damit die Einhaltung dieser drei Regeln nicht in Gefahr gerät, sollten die sozialen Netzwerke des Internets – als Plattformen für ökologisches Engagement – nur mit Vorsicht in Anspruch genommen werden. In allen populären Internet-Foren – Facebook, YouTube, Instagram, Twitter und anderen – ist mit der Zirkulation von Falschinformationen, mit schwer begrenzbaren Erregungswellen, mit Manipulationen von dritter Seite und schließlich mit dem Auftreten von Hass und der Förderung von Gewalt zu rechnen.[71]

Die sozialen Netzwerke sind Empathie-Killer.[72] Ihre undurchschaubare Dynamik und ihre Manipulierbarkeit, nicht zuletzt durch Geheimdienste, dürften einen wesentlichen

Beitrag dazu geleistet haben, dass der sogenannte Arabische Frühling im Chaos endete.[73] Hätte es 1989 bereits das Internet gegeben, dann wäre die friedliche Revolution unseres Landes mit einiger Sicherheit gescheitert. Alle, die sich in der ökologischen Bewegung engagieren wollen, sind daher gut beraten, sich in der analogen Welt in demokratisch verfassten Strukturen zusammenzufinden oder sich ihnen anzuschließen.

Die 2019 erstmals in die breite Öffentlichkeit getretene Klima-Jugendbewegung »Fridays for Future« und die führend in ihr auftretenden jungen Frauen hatten vom ersten Moment an meine ungeteilte Sympathie. Wir waren in einer ganz ähnlichen Situation, als wir als junge Leute im Frühjahr 1975 den Bauplatz des Atomkraftwerks Wyhl besetzten, das in Südbaden, am Rhein nahe Freiburg, gebaut werden sollte. Eine Grüne Partei gab es damals noch nicht.[74] Das seinerzeit spontan entstandene Bündnis aus Studenten, Bauern, Winzern, kritischen Bürgern und einer Reihe von Künstlern[75] war in Deutschland die erste große Umweltinitiative. Obwohl wir das gesamte politische Establishment gegen uns hatten und aus keiner der damals existierenden Parteien Unterstützung erhielten,[76] gelang es uns, die südbadische Bevölkerung mit einer Informationskampagne, an der ich beteiligt war, über die Gefahren der Atomkraft zu informieren. Wir konnten einen entschlossenen zivilbürgerlichen Widerstand auf die Beine stellen, der das fest beschlossene Projekt, bei dem man mit ersten Bauarbeiten bereits begonnen hatte, schließlich zu Fall brachte. Die heute gegen die Fridays-for-Future-Bewegung vorgebrachte Kritik, unter anderem das Gemeckere, dass es nicht angehe, unentschuldigt die Schule zu schwänzen, zeigt, wie viele Menschen unseres Landes noch nicht erfasst haben, wie es um unseren Globus bestellt ist. Ganz ähnlich wurde uns damals entgegengehalten, wir sollten »anständig« studieren.

Um die schulischen Leistungen junger Menschen, die für das Klima auf die Straße gehen, sollten wir uns keine Sorgen machen. Auch die drei Studienkollegen und ich, die wir uns 1975 auf die Zwischenprüfung unseres Medizinstudiums vorbereiteten, haben diese kurz darauf wie durch ein Wunder, unserer Teilnahme an der Bauplatzbesetzung zum Trotz, gut bestanden.

Die Anfänge der modernen Umweltbewegung in den USA

Ihren Anfang nahm die moderne Umweltbewegung in den USA. Am 22. April 1970 hatten Senator Gaylord Nelson und Denis Hayes, ein damals 25-jähriger Student an der Harvard University, den ersten »Earth Day« organisiert. Überall in den USA, in über 2000 kleineren und größeren Städten, fanden an diesem Tag Demonstrationen gegen die Vermüllung und Vergiftung der Erde statt, es wurden Vorträge (»Teach-ins«) gehalten und Müllbeseitigungsaktionen in öffentlichen Plätzen und Parks durchgeführt. Die 5th Avenue in Manhattan wurde blockiert. Am Flughafen Boston legten sich Studenten zu einem »Die-in« (zu einer »Sterbe-Demonstration«) in mitgebrachte Särge, um gegen die Luftverschmutzung durch Flugzeuge zu protestieren.

Bereits der erste »Earth Day« hatte allerdings eine Vorgeschichte: Rachel Carlson, eine US-amerikanische Biologin und Autorin, hatte einige Jahre vorher ein Buch über die verheerenden ökologischen Folgen von Pestiziden geschrieben.[77] Die Autorin war selbst an Krebs erkrankt, sie führte ihre Erkrankung auf Pestizide zurück und forderte deren Verbot. Ihr Buch führte, kurz nach dem Tod der Autorin, zum Verbot des extrem giftigen und krebserregenden Pestizids DDT. Teile der amerikanischen Öffentlichkeit waren aufgewühlt und mitten in der Fortschrittseuphorie der Sechzigerjahre erstmals für Umweltfragen sensibilisiert. Als im Januar 1969 ein Tanker vor der Küste Kaliforniens mehr als 15 000 Tonnen Öl verlor und eine gigantische Verschmutzung des Meeres verursachte, war die Zeit reif. Seither ist viel Zeit vergangen. Der internationale »Earth Day« wurde 2020 zum 50. Mal begangen.

Kurz nach dem ersten »Earth Day« des Jahres 1970 sprang der Funke auch auf Europa über. Wir wurden wenig später aufgerüttelt durch Denis und Donella Meadows' Buch *Die Grenzen des Wachstums – Bericht des* Club of Rome *zur Lage der Menschheit.*[78] Ein Buch, das in Deutschland wie ein Paukenschlag wirkte, aber dennoch nicht verhinderte, dass unsere westlichen Gesellschaften der Meinung waren, man könne das Leben wie bisher ungestört fortsetzen. In den Siebzigerjahren formten sich zahlreiche grüne Initiativen zu einer politischen Bewegung, in vielen Ländern wurden schließlich grüne Parteien gegründet.[79] Darüber nicht vergessen werden sollte aber, dass es immer wieder *einzelne* gewissenhafte und mutige Wissenschaftler, Wissenschaftlerinnen und Wissenschaftlergruppen waren, die in den folgenden Jahren entscheidend dazu beitrugen, die Öffentlichkeit auf hoch brisante ökologische Gefahren hinzuweisen. Erst daraufhin konnten mit Unterstützung grüner Aktivistinnen und Aktivisten zahlreiche wichtige Teilerfolge errungen werden.

Die US-Chemikerin Claire Patterson, die gefährliche Konzentrationen des giftigen Schwermetalls Blei in menschlichen Geweben entdeckt hatte, führte einen jahrelangen Kampf gegen mächtige Konzerne, bis sie endlich das Verbot durchgesetzt hatte, dem Benzin Blei zuzusetzen. Nicht anders ging es dem Chemiker Arie Jan Haagen-Smit, der den Zusammenhang von ungefilterten Autoabgasen und dem zunehmenden Smog in den Metropolen der Welt erkannt hatte und dessen Arbeit schließlich dazu führte, dass die Autohersteller ihre Abgase filtern mussten.

Zwei Chemiker, der Mexikaner Mario Molina und der US-Amerikaner Sherwood Rowland, entdeckten, dass fluorierte Kohlenwasserstoffe (FCKWs) unter der Einwirkung von UV-Licht zur Bildung von Stoffen[80] führen, welche die Ozonhülle der Erde zerstören. Zusammen mit dem niederländischen Meteorologen Paul Crutzen, der entdeckt hatte, dass auch Stickoxid zur Zerstörung der Ozonhülle beiträgt, erhielten die beiden Erstgenannten zusammen mit Crutzen 1995 den Nobelpreis. Die erwiesene Tatsache, dass unbestechliche Wissenschaftler Wirkungen erzielen können, sollte junge Menschen heute ermutigen, sich selbst wissenschaftlich zu qualifizieren oder sich zumindest mit den Ergebnissen wissenschaftlicher Forschung hinreichend bekannt zu machen, um nicht den organisierten Desinformationskampagnen der Industrie[81] und bestimmter Parteien auf den Leim zu gehen, die darauf abzielen, die ökologische Zerstörung der Erde zu verleugnen und alles wie bisher weiterlaufen zu lassen. Ihnen muss Greta Thunbergs Slogan »Unite behind science!«[82] entgegengehalten werden.

Ein wesentlicher Anstoß für das Entstehen der Fridays-for-Future-Bewegung war das unbefriedigende Ergebnis des Pariser Klimaabkommens, das im Dezember 2015 geschlossen, bis Ende 2016 von 92 Staaten ratifiziert wurde und die Begrenzung der menschengemachten Erderwärmung zum Ziel erklärte.[83] Seine praktische weltweite Umsetzung wird nur schleppend oder gar nicht befolgt, obwohl das darin festgelegte Ziel – eine Begrenzung der menschengemachten Erderwärmung auf zwei Grad gegenüber der vorindustriellen Zeit – an sich schon viel zu bescheiden ausgefallen ist.[84] Vonseiten der USA wurde das Abkommen unter der Präsidentschaft Donald Trumps bereits 2017 wieder aufgekündigt. Den Hintergrund für das Pariser Klimaabkommen bildeten alarmierende Ergebnisse wissenschaftlicher Analysen, die seit den 1980er-Jahren durchgeführt wurden und erstmals eine objektive ökologische Zustandsbeschreibung der Erde als Ganzes lieferten.

Dass jetzt unser gesamter Globus zum wissenschaftlichen Gegenstand wurde, ließ den Begriff der »Earth System Science« entstehen. Den entscheidenden Durchbruch bei dieser neuen wissenschaftlichen Herangehensweise brachten die Daten einer internationalen wissenschaftlichen Arbeitsgruppe im »International Geosphere-Biosphere Programme« (IGBP). Bei so gut wie allen globalen Messgrößen, die für menschliches Leben auf unserer Erde von Belang sind, zeigten die durch das IGBP-Programm zutage geförderten Daten und Fakten einen geradezu alarmierenden Verlauf (siehe Abbildung 1). Die nachfolgend dargelegten Tatsachen sollen die Grundlage für ein Nachdenken darüber sein, wie jede und jeder Einzelne von uns die verschüttete Empathie gegenüber der Natur wiederbeleben kann. Dies sollte zur Folge haben, dass wir unsere persönliche Lebensführung ändern und uns gleichzeitig für die notwendigen politischen Weichenstellungen engagieren.

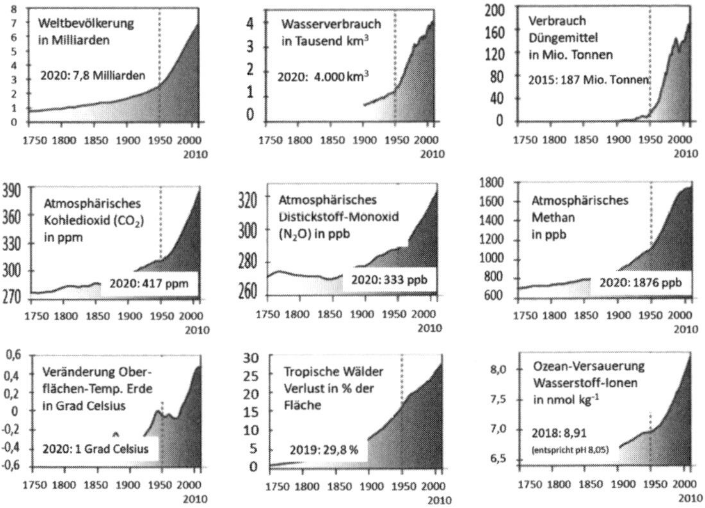

Abb. 1: Die Abbildung zeigt einige der wichtigsten globalen Veränderungen an, die seit Beginn der Industrialisierung beziehungsweise von 1950 bis heute zu verzeichnen sind. Die Abbildungen stammen aus einer Publikation von Will Steffen und Kollegen (Steffen, 2015) und wurden von mir mit Angaben zum Jahr 2020 aktualisiert. Ich danke Will Steffen sehr herzlich für die freundliche Erlaubnis, seine Abbildungen für dieses Buch verwenden zu dürfen. Die von mir vorgenommenen Aktualisierungen wurden von ihm gesehen und gutgeheißen.

Diagnose »Krank mit Fieber«

Die Erde liegt im Fieber.

Die Erwärmung der Erdoberfläche zwischen 1970 und heute beträgt 1 Grad Celsius.[85] Chronisch erhöhtes Fieber ist nicht nur bei Menschen ein prognostisch schlechtes Zeichen. Fieber ist ein Hinweis darauf, dass im Inneren des Körpers eine Störung vorliegt. Das Gleiche gilt für die erhöhte Temperatur des Organismus Erde. Sie ist unser Patient. Empathie, die wir der Erde entgegenbringen, bringen wir zugleich uns selbst entgegen. Zur Empathie gehört beides, Gefühl *und* Verstand.

Wer einem Patienten helfen will, muss sich daher durch wissenschaftliche Erkenntnisse leiten lassen, also zunächst sicherstellen, ob überhaupt ein krankhafter Befund vorliegt, dann die Ursachen klären und daraus dann Therapieempfehlungen ableiten. Die Situation des Patienten Erde ist ernst. Sie ist aber nicht hoffnungslos, sofern wir nicht weiter warten, sondern handeln. Je genauer man die Daten analysiert, welche die ökologische Situation der Erde kennzeichnen, desto deutlicher wird, dass wir therapeutische Möglichkeiten zur Verfügung haben, um die gefährliche Entwicklung zu stoppen und den Patienten Erde genesen zu lassen. Wir sind nicht machtlos, aber wir müssten *jetzt* etwas tun! Was konkret zu tun ist, wird sich anhand der nachfolgenden Analyse zeigen.

Der zentrale und tatsächlich gefährlichste Befund unseres Patienten Erde ist die erhöhte Temperatur der Erdoberfläche mit einer Zunahme um, wie erwähnt, 1 Grad Celsius innerhalb von 50 Jahren. Unter den Klimaexperten dieser Welt vertreten 97 Prozent die Meinung, dass es sich bei dieser Erwärmung um ein menschengemachtes Geschehen handelt.[86] Die Folgen dieser Erwärmung betreffen die Kontinente, die Weltmeere und das Wetter. Auf dem Land nimmt die Bodentrockenheit zu, was einen Rückgang der landwirtschaftlichen Erträge[87] und – aufgrund der begleitenden Dürre von Wäldern und ihres Unterholzes – immer größere Waldbrände zur Folge hat. Feuer, die im Jahre 2016 in den USA und Kanada besonders heftig wüteten, zerstörten 3,6 Millionen Hektar (36 000 km^2) Wald. Die Brände, die 2019/20 Australien heimsuchten, zerstörten 10 Millionen Hektar (100 000 km^2) mit Wald und Buschwerk bewachsenes Land, was in etwa der gemeinsamen Fläche von Bayern und Baden-Württemberg entspricht. Auch im Jahre 2020 waren die USA, vor allem Kalifornien, wieder von ungeheuren Waldbränden betroffen, die zahlreiche Menschen das Leben kosteten. Deutschland ist von der gefährlichen Entwicklung ebenfalls betroffen. Alljährlich werden, nur als Beispiel, die Wälder der Mark Brandenburg rund um Berlin immer stärker von großen, schwer zu löschenden Bränden heimgesucht. Gleichzeitig gehen hier, der Bodentrockenheit wegen, die landwirtschaftlichen Erträge seit mehreren Jahren kontinuierlich zurück.

Die Klimaerwärmung betrifft auch die Meere. Die Eiskappen der Erde schwinden (nicht anders als die Gletscher zu Lande). Grönland verliert jährlich rund 280 Gigatonnen (280 Milliarden Tonnen) Gletschereis, die Antarktis jährlich rund 150 Gigatonnen ihrer Eiskappe.[88] Dementsprechend steigt der Meeresspiegel: Sollte die Erdtemperatur um 2 Grad ansteigen, würde der weiter gehobene Meeresspiegel 10 Millionen Menschen den Boden unter den Füßen wegschwemmen.[89] Während die Meeresspiegel stiegen, nahm die Oberfläche unserer Süßwasserspeicher, der Seen, seit den 1980er-Jahren um 90 000 km^2 ab.[90]

Die Auswirkungen der Erderwärmung auf den Menschen lassen uns fühlen, was die Erde fühlt: Die materiellen, medizinischen und sozialen Auswirkungen des globalen Fieberzustandes auf den Menschen sind gewaltig. Extreme Wetterlagen, vor allem lang anhaltende Hitzewellen und Orkane, nehmen weltweit signifikant zu. Hitzewellen machen nicht nur der Erde, sondern auch dem Menschen schwer zu schaffen. Sie führen, vor allem in den ohnehin heißen Ländern dieser Erde, zu einem massiven Rückgang der Arbeitsproduktivität. Überall auf der Welt belasten sie Herz und Kreislauf des Menschen. Ihren direkten oder indirekten Folgen erliegen weltweit alljährlich Millionen Menschen. Der langfristig zu erwartende, durch die Veränderung des Klimas bedingte Rückgang der landwirtschaftlichen Erträge wird eine Krise der globalen Ernährungssituation zur Folge haben. Bereits jetzt verschärft sich in den armen Ländern die Lage.[91] Dies hat dort soziale Spannungen, politische Instabilität und (Bürger-)Kriege um knappe Ressourcen zur Folge. Der Klimawandel ist – neben dem Krieg – eine der Hauptursachen einer in Richtung der wohlhabenderen Länder zielenden Migration.

Nicht nur in den armen und bereits jetzt heißen Ländern, auch in den wohlhabenden Ländern ist eine Zunahme von klimabedingten Erkrankungen zu beobachten und weiterhin zu erwarten.[92] Zunehmen werden, zusätzlich zu Herz-

Kreislauf-Erkrankungen, Infektionskrankheiten, sowohl solche mit heimischen Krankheitsauslösern (unter anderem Hantavirus, Campylobacter, infektiöse Algen) als auch Infektionen, die durch bei uns bislang unbekannte, exotische Keime ausgelöst werden (unter anderem Chikungunya, Dengue, Malaria). Viele Erreger, die in unseren Breiten bisher nicht Fuß fassen konnten, finden jetzt nicht mehr nur als Reisemitbringsel den Weg zu uns. Sie werden neuerdings auch in unseren Breiten heimisch.[93] Mit Erregern wie den Corona-Viren und weiteren, die zu Pandemien geführt haben (und künftig Pandemien auslösen werden), werde ich mich an anderer Stelle noch befassen.

Botenstoffe, die der Erde Fieber machen: Treibhausgase

Fieberzustände treten nicht von alleine auf, weder beim Menschen noch beim Patienten Erde. Beim Menschen werden sie durch Wirkstoffe, sogenannte Entzündungsbotenstoffe, ausgelöst (an deren Erforschung ich über viele Jahre hinweg beteiligt war).[94] Auch die Temperaturerhöhung der Erde beruht auf »Entzündungs«-Stoffen. Ihr Name lautet: Treibhausgase (englisch: *greenhouse gases*, abgekürzt GHG, siehe Tabelle 2). Der Wärmehaushalt der Erde beruht auf einem Gleichgewicht zwischen der durch Sonneneinstrahlung aufgenommenen Wärme einerseits und der Abstrahlung von Wärme durch die Erde andererseits. Treibhausgase sind gasförmige Wirkstoffe, welche die Abstrahlung von Wärme durch die Erde behindern, ohne die Sonneneinstrahlung zu vermindern.[95] Die daraus resultierende fieberhafte Erwärmung der Erdoberfläche wird als Treibhauseffekt bezeichnet. Entzündungsbotenstoffe, die beim Menschen Fieber auslösen, werden vom menschlichen Körper selbst produziert. Nichts anderes geschieht bei der Erderwärmung: Treibhausgase nehmen ihren Ausgang von der Erde, ihre gesteigerte Freisetzung beruht dabei allerdings ausschließlich auf dem, was Menschen auf der Erde veranstalten. Die wichtigsten Treibhausgase sind Kohlendioxid (chemische Formel: CO_2), Methan (CH_4), Lachgas (N_2O) und fluorierte Kohlenwasserstoffe. Ihr massiver Anstieg (siehe Tabelle 2) ist die wissenschaftlich gesicherte Erklärung dessen, was ich die Fiebererkrankung unserer Erde genannt habe.

Name des Treibhausgases	Konzentration Früheres Bezugsjahr	Konzentration 2020	Herkunft/Ursachen (nur die wichtigsten Quellen, unvollständige Aufzählung)
Kohlendioxid CO_2 (gemessen in ppm)	Jahr 1970: 325	417	Verbrennung von Kohle, Erdöl, Erdgas; Waldrodungen
Lachgas N_2O (gemessen in ppb)	Jahr 2001: 300	333	Düngemittel, Massentierhaltung
Methan CH_4 (gemessen in ppb)	Jahr 1994: 1750	1876	Landwirtschaft, Massentierhaltung

Tab. 2: Die drei wichtigsten Treibhausgase und ihre Ursachen. Für N_2O und CH_4 sind die jeweils frühesten ermittelbaren Bezugsjahre angegeben. Werte entsprechen den sogenannten »Welttrends«. Quellen: www.umweltbundesamt.de und www.climate.nasa.gov

Nachdem die entscheidende Rolle der Treibhausgase als Ursache der Erderwärmung zweifelsfrei feststeht, muss eine vernunftgeleitete Behandlung des Patienten Erde auf eine

Verminderung ihrer Freisetzung zielen. Dies zu wissen ist gut und schön, doch Wissen ohne Emotion schafft noch keine Handlungsmotivation. Das entscheidende emotionale Momentum sehe ich in der Wiederentdeckung der verschütteten oder verlorengegangenen Empathie zwischen Menschheit und Erde. Empathie zielt darauf, sich für denjenigen zu öffnen, auf den sie gerichtet ist, und etwas zu tun.

Verursacher von Treibhausgasen: Fleischlastige Landwirtschaft, Vernichtung von Wäldern und Verbrauch fossiler Energieträger

Ich werde die Ursachen der Fiebererkrankung der Erde auf zwei entscheidende Aspekte reduzieren, die in ihrer Bedeutung nicht nur für unser politisches Handeln, sondern auch für das Alltagsverhalten jedes Einzelnen die wichtigsten sind (siehe Abbildung 2). Beide Aspekte haben die größte ursächliche Bedeutung für die Krise unserer Erde und zielen auf den Kern des Problems. Der eine der beiden Aspekte betrifft die globale Entwicklung der Landwirtschaft, der andere die Verbrennung der fossilen Energieträger Kohle, Erdöl und Gas. Ich möchte mit der Analyse unseres weltweiten landwirtschaftlichen Tuns beginnen und deutlich werden lassen, wie Ernährungsgewohnheiten, Verbrauch von landwirtschaftlichen Flächen und die gigantischen Waldrodungen mit dem Anstieg von Treibhausgasen zusammenhängen. Wir können nicht nur durch politische Steuerung, sondern auch und gerade als Einzelne enormen Einfluss auf die Schieflage der globalen Landwirtschaft nehmen. Wenn wir uns unseres Grundanliegens, also der Empathie, entsinnen und erkennen, welche massive Durchschlagskraft einfache, konkrete Änderungen unseres Verhaltens auf die Genesung der Erde haben können, dann sehe ich eine Chance, dass die meisten Menschen auch die dafür notwendige Motivation in sich spüren werden.

Die Landwirtschaft ernährt derzeit knapp 7,8 Milliarden Menschen. Im Jahr 2030 werden sich voraussichtlich 8,6 Milliarden, im Jahre 2050 dann 9,8 Milliarden Menschen die Erde teilen.[96] Mit 38 Prozent sind mehr als ein Drittel der Festland-Erdoberfläche landwirtschaftlich genutzte Böden (ohne Wälder, sie bedecken 26 Prozent des Festlandes)[97]. Der *direkte* Beitrag der Landwirtschaft zur Produktion von Treibhausgasen liegt bei 12 Prozent[98] (der Beitrag, den sie über Waldrodungen *indirekt* leistet, ist höher, siehe dazu unten). Der Anteil der Landwirtschaft am weltweiten Wasserverbrauch liegt bei 70 Prozent[99] (wobei sie durch den Einsatz von Düngemitteln und die Ausbringung von Dung auch einen erheblichen Beitrag zur Belastung der Wasserqualität leistet[100]). Weltweit dienen 77 Prozent der landwirtschaftlichen Nutzfläche der Viehwirtschaft, darin enthalten sind Flächen, die dem Anbau von Viehfutter dienen.[101] Die restlichen 23 Prozent werden zum Anbau von Feldfrüchten genutzt, die direkten Eingang in die menschliche Nahrungsmittelversorgung finden. Die drei unbestritten vorrangigen Aufgaben der Landwirtschaft sind, erstens, Menschen ausreichend und gesund zu ernähren; zweitens, mit den kostbaren, begrenzten Ressourcen fruchtbarer Boden und Wasser sparsam umzugehen; und drittens, den Beitrag der Landwirtschaft zur Produktion von

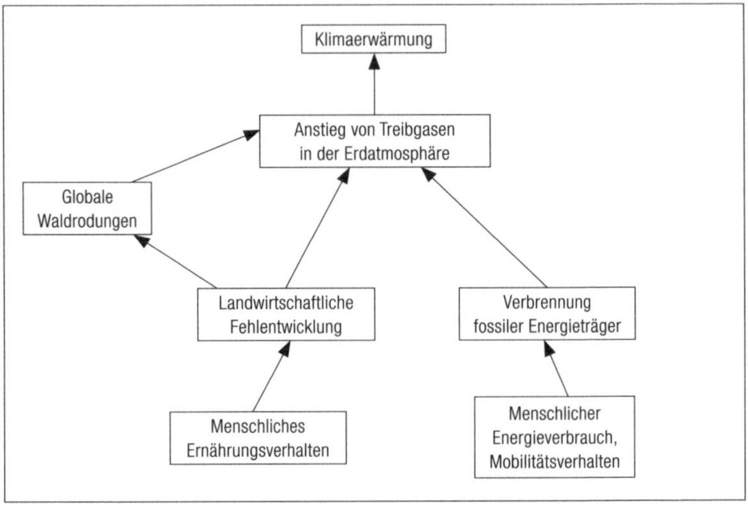

Abb. 2: Flussdiagramm mit der Darstellung der Zusammenhänge zwischen Lebensstil-Merkmalen des Menschen (Ernährungsweise, Mobilitätsverhalten) und dem Anstieg von Treibhausgasen.

Treibhausgasen zu vermindern. Die drei Ziele hängen, wie wir sehen werden, unmittelbar zusammen. Alle drei werden derzeit weit verfehlt.

Die Schieflage der globalen Landwirtschaft, Europa eingeschlossen, hat mit einem Faktum zu tun, dessen Schädlichkeit für die Welternährungslage, für die Gesundheit des Menschen und für den Patienten Erde, also für das Klima, nachgewiesen ist. Dieses Faktum betrifft die weltweit massenhafte Produktion und den damit einhergehenden Konsum von Fleisch.[102] Die Tierhaltung nimmt, wie bereits erwähnt, zwar 77 Prozent der gesamten landwirtschaftlichen Nutzfläche in Anspruch, trägt aber nur 18 Prozent zur Deckung des Kalorienbedarfs der Menschheit bei. Demgegenüber verbraucht mit Feldfrüchten angebautes Land nur 23 Prozent der landwirtschaftlichen

Fläche, deckt dabei aber 82 Prozent des weltweiten Kalorienbedarfs.[103] Was für den Kalorienbedarf im Allgemeinen gilt, hat auch für den Proteinbedarf im Besonderen Gültigkeit. Obwohl sie weltweit mehr als drei Viertel allen fruchtbaren Landes verbraucht, trägt die Tierhaltung nur zu etwas über einem Drittel (37 Prozent) zur Deckung des Proteinbedarfs der Menschheit bei.[104] Feldfrüchte, insbesondere Hülsenfrüchte, besitzen einen hohen Proteinanteil und können in Form von Nüssen auch den Bedarf an essenziellen Aminosäuren decken. Die sich aus der Fleischproduktion ergebenden Belastungen für das Klima und die Umwelt sind beachtlich. Für die Befriedigung eines Kalorienbedarfs von 1000 Kalorien (etwas weniger als die Hälfte des täglichen Bedarfs) mit Rindfleisch werden, im Vergleich zur Bereitstellung mit Feldfrüchten, 50 mal mehr Land und mindestens 4 mal mehr Wasser verbraucht, während gleichzeitig 5 mal mehr Treibhausgase abgegeben werden (siehe Tabelle 3).

Nahrungsmittel (1000 Kalorien)	Wasserverbrauch (Liter)	Landverbrauch (m^2)	Treibhaus-Gase (kg CO_2)
Rindfleisch	1600	147	10
Schweinefleisch	200	5 (Massentierhaltung!)	~2
Geflügel	<200	5	~2
Eier	100	3	<2
Feldfrüchte Weizen/Kartoffel/Reis	100/200/400	2–3	<2

Tab. 3: Ökologische Auswirkungen der Herstellung unterschiedlicher Nahrungsmittel auf Wasserverbrauch, Landverbrauch und auf die Freisetzung von Treibhausgasen. Quellen: Eschel et al. (2014), Weindl et al. (2020).

Die Vorstellung, Fleischverzehr sei ein unabdingbarer Beitrag zur menschlichen Gesundheit, ist weit verbreitet, aber falsch.[105] Tatsächlich leistet Fleisch einen erheblichen Beitrag zu ihrer Beeinträchtigung. Der Verzehr von Fleisch erhöht das Risiko für Herz-Kreislauf-Erkrankungen, Diabetes und Krebserkrankungen und verkürzt die Lebenserwartung.[106] Tierische Fette leisten einen erheblichen Beitrag zur Volkskrankheit Übergewicht. Etwa 37 Prozent der deutschen Bevölkerung sind übergewichtig, zusätzliche 23 Prozent leiden an Fettsucht.[107] Die weltweite Fleischproduktion hat sich seit 1970 mehr als verdreifacht.[108] Der wöchentliche Pro-Kopf-Konsum in Deutschland beträgt mehr als 1 kg, was fast dreifach über der Obergrenze liegt, die von medizinischen Topexperten unter Leitung von Walter Willett von der Harvard University als »Planetary Health Diet« empfohlen wird.[109] Tabelle 4 zeigt eine Zusammenstellung dieser Empfehlungen und die wissenschaftlich erwiesenen Risiken verschiedener Ernährungsbestandteile.

Die nationalen Empfehlungen einiger »Ernährungsfachleute«, auch die der Deutschen Gesellschaft für Ernährung, enthalten vor allem bei den Empfehlungen, die den Fleischverzehr betreffen, deutlich zu hohe Angaben – vermutlich aus Gründen, die mit dem politischen Druck der Fleischindustrie zusammenhängen. Unser Speiseplan enthält aus ernährungswissen schaftlicher und medizinischer Sicht zu viel Fleisch, Zucker und Milch, während der Anteil an Hülsenfrüchten, Vollkornprodukten, Gemüse und Obst viel zu gering ausfällt.[110] Die sich daraus ergebende, durch Fehl- und Überernährung verursachte vorzeitige Sterblichkeit wurde für Deutschland auf etwa 120 000, weltweit auf 11 Millionen vorzeitige Todesfälle pro Jahr geschätzt.[111] Eine fleisch- und milcharme Ernährung entsprechend den ernährungswissenschaftlichen Empfehlungen würde nicht nur den Land- und Wasserverbrauch, sondern auch die Freisetzung von CO_2 signifikant reduzieren.

Ernährungsbestandteile	Früchte	Gemüse	Hülsen-Früchte	Nüsse	Vollkornprodukte (Weizen, Reis, Mais)	Fisch	Fleisch (Rind, Schwein)	Fleisch verarbeitet (Wurst etc.)
Empfohlener tägl. Verzehr	200 g	300 g	75 g	50 g	230 g	28 g	14 g	–
Risiko Koron. Herzkrankheit		▼	▼	▼	▼	▼	▲	▲
Risiko Schlaganfall	▼						▲	▲
Risiko Krebs	▼	▼			▼		▲	▲
Risiko Diabetes II					▼		▲	▲

Tab. 4: Empfehlungen zur Nahrungszusammenstellung der EAT-Lancet-Kommission unter Leitung des Harvard-Mediziners Walter Willet (Willet et al. 2019). Weitere, hier nicht aufgeführte Empfehlungen der Kommission betreffen Kartoffeln bzw. Maniok (50 g), Milch/Milchprodukte (250 g), Geflügel (30 g), Eier (13 g), Öl mit ungesättigten Fettsäuren (40 g). Angezeigt sind erwiesene Einflüsse auf Erkrankungsrisiken (schwarze Pfeile: Risikoerhöhung; graue Pfeile: Risikoverminderung) (Daten zu den Risiken aus Springmann et al., 2020).

Ernährungs- weise	Wasserver- brauch	Landverbrauch	CO_2-Freisetzung	Mortalität
Fleischarm	–15%	–16% (bis zu-30%*)	–31%	–14%
Vegetarisch	–37%	–51% /	–31%	–16%
Planetary Health Diet	Keine Angaben	Keine Angaben	–42%	–24% (global) –30% (Europa)

Tab. 5: Auswirkungen von Ernährungsstilen auf ökologische Messgrößen (Wasserverbrauch, Landverbrauch, CO_2-Freisetzung) und auf die menschliche Sterblichkeit (Mortalität). Quellen: Aleksandrowicz et al. (2016); *Vanham et al. (2018); Willet et al. (2019).

Diese positiven Effekte würden durch eine vegetarische Ernährung noch übertroffen (siehe Tabelle 5).[112] *Vegetarisch zu leben, ist gelebte Empathie, nicht nur gegenüber der Erde, sondern auch gegenüber der eigenen Gesundheit.*[113]

Waldrodungen: Die Vernichtung der Lunge der Welt

Zu den schlimmsten Auswirkungen der landwirtschaftlichen Fehlentwicklung gehört die gigantische Abholzung der großen Wälder dieser Erde, insbesondere der tropischen Wälder in Südamerika (vor allem in Brasilien) und im Fernen Osten (vor allem in Indonesien). Tropische Wälder werden vernichtet, um mehr landwirtschaftliche Fläche zu schaffen, insbesondere für die Rinderzucht (Brasilien) und für die Gewinnung von Palmöl (Indonesien).[114] Auch die Ernte von Holz (Brasilien) sowie der Rohstoffabbau spielen eine Rolle. Ein Teil der Waldvernichtung erfolgt durch Brandrodungen. Das dadurch angerichtete

Unheil ist ein doppelter ökologischer Schaden. Denn einerseits tragen die Brandrodungen mit der damit einhergehenden Freisetzung von CO_2 signifikant zur Verschärfung der Treibhausgas-Problematik bei. Andererseits vernichten wir mit der weltweiten Rodung von Wäldern den wichtigsten Lufterneuerer. Alleine die Amazonas-Wälder tragen mit 20 Prozent zur Sauerstoffproduktion auf unserem Planeten bei. Ein Fünftel dieser Wälder wurde in den vergangenen 50 Jahren vernichtet, und ihre Zerstörung dauert an. Die Wälder dieser Erde produzieren nicht nur Sauerstoff, sie ziehen etwa ein Drittel des durch fossile Brennstoffe freigesetzten Treibhausgases CO_2 wieder aus dem Verkehr.[115] Darüber hinaus spielen sie eine entscheidende Rolle dafür, dass es ausreichend regnet.

Wälder sind die Lungen der Welt. Kehren wir zurück zum Bild des fiebernden Patienten. Nicht genug damit, dass wir – jedenfalls bisher – die Fieber erzeugenden Stoffe nicht vermindert haben. Wir machen uns daran, nun auch die Lunge des Patienten zu zerstören. Woran es fehlt, ist nicht das Wissen über das, was hier geschieht. Abhandengekommen ist uns die Empathie für die Welt, die Fähigkeit zu fühlen, was die Welt fühlt. Es wird Zeit, sie wiederzuentdecken. Und uns zu besinnen, was die Natur uns wert ist – und was wir uns wert sind. Denn wir stehen am ökologischen Abgrund.

Corona – und wie Angriffe auf die Natur auf die menschliche Gesundheit zurückschlagen

Manchmal verfügen Wissenschaftler über die Möglichkeit, zukünftige Risiken vorherzusehen. Am 11. April 2018, zwanzig Monate bevor der Coronavirus SARS-CoV2 eine für Hunderttausende von Menschen tödliche Pandemie auslöste,[116] schrieben Aneta Afelt, Roger Frutos und Christian Devaux, drei Biologen, die an französischen und polnischen Forschungsinstituten arbeiten, in einer renommierten internationalen Fachzeitschrift: »Man sollte sich das Risiko einer neuen Erkrankung vergegenwärtigen, die von Fledermaus-Coronaviren verursacht werden dürfte.«[117] Der Titel der Arbeit lautete: »Fledermäuse, Coronaviren und die Abholzung von Wäldern: Werden neue infektiöse Erkrankungen auftauchen?«[118] Bereits der Titel der Arbeit macht den ursächlichen Zusammenhang deutlich, der zwischen der Zerstörung von Wald und der auf diese Weise geförderten Übertragung gefährlicher Erreger vom Tierreich auf den Menschen besteht. Seuchen, die durch das Vordringen des Menschen in die Natur ausgelöst wurden, haben eine lange Geschichte.

Tiere, insbesondere Vögel, Fledermäuse, Schweine und einige weitere, sind ein riesiges Reservoir potenziell krank machender, also pathogener Keime. Asiatische Fledermäuse beherbergen in ihrem Organismus Hunderte von Viren, ein sogenanntes »Virom«, aus welchem immer wieder neue Viren direkt oder über tierische Zwischenträger auf den Menschen übertreten können. Daher bedurfte es keiner übernatürlichen Fähigkeiten, die Corona-Epidemie der Jahre 2020/21 vorherzusagen. Viren sind sozusagen frei flottierende Gen-Schnipsel. Der Coronavirus SARS-CoV2 besteht aus zwei zu einem einzigen Virus verschmolzenen Schnipseln: Ein größeres, aus der Fledermaus stammendes Stück ging mit einem kleineren Stück, welches dem Pangolin oder Schuppentier, einem kleinen Säugetier, entstammte, eine Verbindung ein.[119] Die Verbindung zwischen den beiden Schnipseln kam zustande, nachdem das Virus von Fledermäusen auf Pangoline übergesprungen war. Pangoline sind wild lebende Säugetiere mit einem Schuppenmantel. In zahlreichen asiatischen Ländern – China eingeschlossen – werden sie gejagt, auf Märkten verkauft und als angeblicher Leckerbissen verzehrt. Die Epidemie 2020/21 war nicht die erste, und sie wird auch nicht die letzte gewesen sein, die wir der maßlosen, in hohem Maße gesundheitsschädlichen, unsinnigen Gier auf tierisches Fleisch verdanken.

Sich bewegen statt sich bewegen lassen: Auf dem Weg zur »Zero Carbon Economy«

Der Anstieg von Treibhausgasen und die dadurch verursachte Klimaerwärmung stellen, wie bereits festgestellt, die gemeinsame Endstrecke von zwei Grundübeln dar (siehe Abbildung 2): Neben den Fehlentwicklungen der globalen Landwirtschaft mitsamt der dadurch verursachten Zerstörung der großen Wälder dieser Erde steht die Verbrennung fossiler Energieträger wie Öl, Gas und Kohle. Wie bei der Landwirtschaft kommt es auch beim Energieverbrauch entscheidend darauf an, wie wir, die vielen einzelnen Verbraucher, uns verhalten. Dass politisches Engagement notwendig ist, um die Weichenstellungen in Richtung einer »Zero Carbon Economy«, also einer kohlenstofffreien Energiewirtschaft vorzunehmen, ist unbestritten. Politisches Engagement darf aber die persönliche Verantwortung jedes Einzelnen nicht in den Hintergrund treten lassen.

Gerade im Bereich des Energieverbrauchs kennen wir alle, sei es aus kritischer Selbstbeobachtung oder aus Beobachtungen im persönlichen Umfeld, eine typische widersprüchliche Situation. Oft sieht man, dass Menschen, die sich *politisch* für die ökologisch richtigen Maßnahmen engagieren, *persönlich* mit ihrem eigenen Verhalten dazu im Widerspruch stehen,[120] nämlich wenn es um den eigenen Energieverbrauch geht, insbesondere um das eigene Mobilitätsverhalten, vor allem um Flugreisen oder die vermeidbare Nutzung von Kraftfahrzeugen. Warum wir alle uns hier so schwertun? Eine Änderung unseres persönlichen Verhaltens würde uns allen leichter fallen, wenn wir uns von einer selbstquälerischen Sichtweise befreien würden, die uns nur die Alternative lässt, sich entweder »sündig« oder »moralisch richtig« zu verhalten. Eine selbstquälerische, zwanghaft frömmlerische Grundhaltung bindet seelische Kräfte, anstatt sie freizusetzen. Die Dimension, für die wir uns stattdessen öffnen sollten, ist die Dimension der Empathie, der liebevollen Beziehung zur Welt der Natur. Sinnlosen Energieverbrauch zu stoppen sollte keine Frage der Befreiung von »Sünde« oder schlechtem Gewissen, sondern eine Frage der Wiederentdeckung unserer Beziehung zur Natur, zur Welt, in der wir leben, sein.

Die Art, wie wir uns fortbewegen, braucht einen Reset, den wir leisten können, ohne die Freude am Leben zu verlieren. Die Kultur einer ökologisch gut aufgestellten Gesellschaft soll keine Kultur eines schlechten, freudlosen Lebens sein, im Gegenteil. Am Beispiel eines im Mai 2020 in der Zeitschrift *Lancet*, einem der beiden weltweit führenden medizinischen Fachjournale, erschienenen Beitrags lässt sich aufzeigen, wie wir trotz einschneidender Veränderungen genüsslicher leben könnten.

Sechs britische Forscher analysierten das Mobilitätsverhalten und die Gesundheitsdaten von mehreren Hunderttausend Pendlern, die sie im Rahmen einer Längsschnittstudie über einen Zeitraum von mehr als zwanzig Jahren verfolgt hatten. Täglich von der Wohnung zur Arbeit und zurück pendeln in Deutschland 13 Millionen Menschen. Die *Lancet*-Studie hat nicht nur für diese Menschen, sondern für uns alle eine hoch interessante Botschaft. Im Vergleich zu denjenigen Arbeitskollegen und -kolleginnen, die täglich mit dem Auto oder Motorrad zur Arbeit fahren, zeigten Personen, welche die tägliche Strecke mit dem Fahrrad zurücklegen, im über zwanzigjährigen Beobachtungszeitraum eine um exakt 20 Prozent geringere allgemeine Sterblichkeit (Fachbegriff: Mortalität). Das durch Herz-Kreislauf-Erkrankungen verursachte spezifische Sterberisiko war sogar um 24 Prozent niedriger. Durch Krebserkrankungen verursachte Todesfälle ereigneten sich bei den Radlern um 16 Prozent weniger. Auch bei denen, die anstatt mit dem Fahrrad mit dem öffentlichen Schienenverkehr zur Arbeit fuhren, war die Mortalität im Vergleich zu Autopendlern um 10 Prozent geringer.

Städte mit weniger Autoverkehr gewinnen urbane Kultur. Daher muss – nicht nur der Umwelt, sondern uns zuliebe – der Bau von Fahrradwegen innerhalb und außerhalb von Städten vorangetrieben werden, Fernradwege eingeschlossen. Die in mehreren Städten begonnene Umwidmung von Auto- in Fahrradspuren sollte Schule machen. Anstatt mit Steuermitteln den Autokauf zu fördern, sollte die Entwicklung einer modernen Radtechnologie gefördert werden, die es nicht nur Gesunden, sondern auch Menschen mit Behinderungen ermöglicht, Rad zu fahren. Sich bewegen zu dürfen gehört zu den neurobiologisch verankerten Grundmotivationen des Menschen. Bewegung führt zur Ausschüttung von Wohlfühl-Botenstoffen. In der Kindheit jahrelang auf uns niedergegangene Ermahnungen, wir sollten stillhalten, haben bei vielen Menschen die Lust an der Bewegung leider verschüttet (und oft durch Ess- oder Internetsucht ersetzt). Das Schicksal, verschüttet worden zu sein, widerfuhr jedoch nicht nur der Lust an der Bewegung, sondern auch der Empathie gegenüber der Welt, der Lust an der Begegnung mit der Natur. Wenn es uns gelänge, die in uns angelegte Urfreude wiederzuentdecken, sich zu bewegen und der Natur begegnen zu können, würde nicht nur die Welt, auch wir würden genesen.

Weg von sinnlosem Überfluss und Verschmutzung

Manfred Folkers und Niko Paech prägten, in Anlehnung an ein berühmtes Lied der Beatles (»All you need is love«), vor einigen Jahren den Slogan »All you need is less« (Alles, was du brauchst, ist: weniger). Wachstum an sich ist nichts Schlechtes. Denn wir brauchen neue Technologien und Produkte, ohne sie können wir auf dem Weg zu einer ökologischen Wirtschaft und zur Erschließung alternativer Energiequellen, wie etwa bei der Entwicklung von Wasserstofftechnologien, nicht vorankommen. Demgegenüber führt uns ein Wachstum, das alleine dem Diktat einer zwanghaften Konsumsucht und Profitgier folgt, ins Abseits – und von dort in den Abgrund. Die richtig gestellte Frage ist nicht, ob wir Wachstum brauchen, sondern *welches* Wachstum wir wollen.

Welchen Sinn machen Mehrfachzuwächse bei der Herstellung von Lebens- und Futtermitteln sowie beim Fischfang,[121] während gleichzeitig in den wohlhabenden Ländern Nahrungsmittelabfälle in einem Umfang entstehen, dass man davon jährlich knapp eine halbe Milliarde Menschen ernähren könnte?[122] Jedes Jahr werden 1,3 Milliarden Tonnen Lebensmittel weggeworfen oder verderben, rund ein Drittel aller weltweit produzierten Lebensmittel. 42 Prozent aller weggeworfenen Lebensmittel gehen auf das Konto der privaten Haushalte. 39 Prozent landen bei den Herstellern im Müll, 14 Prozent in der Gastronomie und 5 Prozent bei den Einzelhändlern.[123] Unser Bemühen sollte zumindest einer Halbierung der Menge weggeworfener oder bei der Herstellung, beim Transport oder bei der Lagerung verdorbener Lebensmittel gelten. Die Vermeidung von Verschwendung ist ein erstrangiges ökologisches Ziel.

Die Umweltbewegung nahm ihren Anfang, wie eingangs dargestellt, beim Protest gegen die vielfältigen Formen der Verschmutzung der Welt. Die Verschlechterung der Luft, die

Vermüllung vieler Städte und eine gigantische Meeresverseuchung aufgrund einer Öltankerkatastrophe vor der Küste Kaliforniens waren die Auslöser, die 1970 den ersten »Earth Day« zur Folge hatten. Daher soll das Thema Verschmutzung dieses Kapitel beschließen. Die Menschheit produziert jährlich mehr als zwei Milliarden Tonnen an feststofflichen Abfällen.[124] Ein Drittel davon landet weltweit auf »wilden« Müllhalden.

Etwa 12 Prozent der globalen Abfallmenge sind Plastikprodukte. Die Produktion von Plastik hat sich seit den 1970er-Jahren verzehnfacht. Der World Wildlife Fund schätzt, dass jährlich bis zu 12 Millionen Tonnen Plastikabfälle im Meer entsorgt werden.[125] Plastikprodukte verursachen 60 bis 80 Prozent des in den Weltmeeren schwimmenden Mülls.[126] Plastik in ihren Mägen haben 90 Prozent der Seevögel, 35 Prozent der Schildkröten, 18 Prozent der Thun- oder Schwertfische und 17 Prozent der Katzenhaie.[127] Doch Plastik betrifft nicht nur die Tiere, sondern auch uns. Plastik enthält Stoffe,[128] die sich aus der Verpackung, zum Beispiel aus den Folien an der Innenseite von Getränkedosen, lösen, die in unsere Lebensmittel übergehen und in unserem Körper schädliche Wirkung auf unser Hormonsystem entfalten können. Wie man Plastikmüll durch die Verwendung von Ersatzmaterialien, durch Recycling und umweltfreundliche Entsorgung reduzieren kann, ist Gegenstand intensiver wissenschaftlicher Forschung.[129] Entscheidend bleibt, dass wir unseren persönlichen Plastikkonsum reduzieren.

Die in diesem Kapitel angestellten Betrachtungen und Überlegungen münden ein in die *Formulierung von drei ökolo-*

gischen Kardinaltugenden: Wir sollten uns gesundheitsdienlich und ökologisch vernünftig, und das heißt fleischarm oder fleischfrei, ernähren. Wir sollten einen verantwortungsvollen Umgang mit fossiler Energie praktizieren, vor allem beim eigenen Mobilitätsverhalten. Und wir sollten darauf achten, wenig Müll zu produzieren, Materialien so gut wie möglich zu recyceln und Müll nach einem geordneten Verfahren zu entsorgen. Was der Natur zugutekommt, nützt auch uns. Empathie, die wir der Welt entziehen, entziehen wir immer auch uns selbst.

Zusammenfassung

Die Corona-Krise der Jahre 2020/2021 ist eine der vielen Folgen des immer rücksichtsloseren Eindringens des Menschen in die Biotope der Tierwelt. Die Pandemie war und ist nur ein Glied in einer Reihe von Ereignissen, die sich fortsetzen wird. Wenn wir ihre Botschaft richtig lesen, könnte die Pandemie eine Chance sein, endlich aufzuwachen. Die Erde liegt im Fieber. Die Erwärmung der Erdoberfläche zwischen 1970 und heute beträgt ein Grad Celsius. Die Auswirkungen der Erderwärmung auf den Menschen lassen uns fühlen, was die Erde fühlt: Die materiellen, medizinischen und sozialen Auswirkungen des globalen Fieberzustands auf den Menschen sind gewaltig. Ursache der Erderwärmung sind die Treibhausgase, welche die Abstrahlung von Wärme durch die Erde behindern, ohne die Sonneneinstrahlung zu vermindern. Die Verbrennung fossiler Energieträger und die

Tierhaltung in der Landwirtschaft sind nicht nur mit die größten Treibhausgaserzeuger – sie zählen auch zu den Prozessen, auf die der einzelne Mensch, in dem er einfach seine Gewohnheiten ändert, unmittelbar und wirksam eingreifen kann. Zu den verheerenden Auswirkungen der landwirtschaftlichen Fehlentwicklung gehört die gigantische Abholzung der großen Wälder dieser Erde, um mehr landwirtschaftliche Fläche für die Tierhaltung inklusive der Herstellung von Tierfutter zu schaffen. Neben den Fehlentwicklungen der globalen Landwirtschaft steht die Verbrennung fossiler Energieträger wie Öl, Gas und Kohle. Vegetarisch zu leben, den Energieverbrauch zu reduzieren, weniger zu fliegen, vom Auto aufs Rad oder auf öffentliche Verkehrsmittel umzusteigen, all dies wäre beziehungsweise ist gelebte Empathie – nicht nur gegenüber der Erde, sondern auch gegenüber unserer eigenen Gesundheit. Die Kultur einer ökologisch gut aufgestellten Gesellschaft wird keine Kultur eines schlechten, freudlosen Lebens sein, im Gegenteil.

4 DIE SCHWÄCHUNG DER GESELLSCHAFT

durch Narzissmus, Spaltung und Desinformation

Empathie für die Natur unserer Erde kann sich nur in solchen Gesellschaften entwickeln, die in ihrem Inneren einen hinreichenden Zusammenhalt aufweisen und etwas besitzen, was ich gesellschaftliche Empathie nennen möchte. Der Stress, dem die Gesellschaften dieser Erde durch die Corona-Pandemie des Jahres 2020 ausgesetzt waren, war eine traumatische Erfahrung. Die Erkenntnis, dass wir verletzliche Wesen sind, sollte uns Demut lehren und könnte uns von so manchem Größenwahn heilen.

Würde man die Pandemie als eine Art Stress-Test betrachten, dann wurde dieser Test von den betroffenen Ländern sehr unterschiedlich bestanden. Dass sich die armen Länder dieser Erde der Pandemie besonders schutzlos ausgesetzt sahen, ist schlimm, aber nicht überraschend und muss uns, die wir in den wohlhabenderen Ländern leben, ein weiterer Ansporn sein, unsere Politik weit stärker als bisher dem Gebot globaler Fairness unterzuordnen. Der wichtigste Beitrag dazu wäre, den Klimawandel wirksam zu bremsen, da er die Armut der Armen noch weiter verschärft. Welchen Beitrag wir – auch als Einzelne – dazu leisten können, habe ich im vorangegangenen Kapitel deutlich gemacht. Mit dem Aufruf, empathisch zu fühlen, was die Welt fühlt, ist auch die Empathie hinsichtlich der Not derer gemeint, deren Elend durch eine weitere Erwärmung unserer Erde ins Unerträgliche gesteigert wird.

Betrachtet man nun aber die wohlhabenderen Länder als eine Gruppe für sich, so fallen hier gewaltige Unterschiede auf, wie gut – oder schlecht – die Pandemie bewältigt wurde. Eine Analyse dieser Unterschiede macht die enorme Bedeutung klar, die dem inneren Zusammenhalt einer Gesellschaft für die erfolgreiche Bewältigung einer Krise zukommt.

Moderne Gesellschaften zwischen Spaltung und Zusammenhalt

Besitzen unsere Gesellschaften nach innen jenes Maß an Zusammenhalt und Empathie, welches die Voraussetzung dafür ist, dass wir nach außen fühlen können, was die Welt fühlt? Und sind wir für künftige Krisen gerüstet?

Bei einer ungebremsten weiteren Erderwärmung werden uns, wie in den vorangegangenen Kapiteln darlegt, Krisen bevorstehen, deren Belastungen über das hinausgehen können, was uns die Corona-Epidemie zumutete. Der Zusammenhalt unserer westlichen Gesellschaften ist nicht nur jetzt gefragt, also in einer Zeit, in der wir der Klimakrise noch etwas entgegensetzen können. Er wird auch künftig gefragt sein, wenn wir weiteren, durch den Klimawandel verursachten Herausforderungen gegenüberstehen sollten. Moderne Gesellschaften sind komplexe Gefüge, in denen es zentripetale, also auf Zusammenhalt gerichtete Kräfte gibt, die auseinanderstrebenden, zentrifugalen Kräften gegenüberstehen. In einer Krise kommt es, wie im Falle der COVID-19-Epidemie zu beobachten war und weiterhin zu beobachten ist, zu einer Aktivierung beider Kräfte. Wie sich der gegebene Zusammenhalt oder die vorhandenen Spaltungstendenzen entwickeln, entscheiden die in einer Gesellschaft lebenden Menschen.

Jeder Mensch tritt (siehe dazu Kapitel 1) sowohl als Individuum als auch als Teil einer Gruppe – meistens sind es sogar mehrere Gruppen, deren Teil wir sind – in Erscheinung. Jede Person hat eine persönliche und eine kollektive Identität (meistens sind es mehrere Identitäten). *Welche* persönliche(n) und kollektive(n) Identität(en) ein Mensch entwickelt, wird nicht durch Gene vorherbestimmt. Verträglichkeit oder Einzelgängertum, Kooperationsbereitschaft oder Feindseligkeit, Empathie oder Narzissmus und Dissozialität, Menschlichkeit oder Unmenschlichkeit unterliegen einer Reihe von Entstehungsbedingungen. Biografische Erfahrungen hinterlassen im Gehirn einen deutlichen Fingerabdruck, sie formen die Ausbildung neuronaler Netzwerke und stecken den Rahmen ab, in dem sich der oder die Einzelne im gesellschaftlichen Feld bewegen und verhalten wird.

Die Komplexität einer Gesellschaft spiegelt sich vor allem darin wider, dass alles, was an Gutem oder an Problemen auftritt, keine einfachen Ursachen hat, sondern mit vielen Faktoren zusammenhängt. Ob Eltern genügend Ressourcen aufbringen können, um sich ihrem Kind zu widmen und ihm jenes Maß an Zuwendung zu geben, das es für die Entwicklung seiner Persönlichkeit und seiner Empathie-Fähigkeit (und seiner sonstigen Fähigkeiten) benötigt, hängt nicht nur vom guten Willen der Eltern ab, sondern mindestens ebenso von den sozialen Bedingungen, von ihren Wohn-, Arbeits- und Einkommensverhältnissen, unter denen sie leben. Ob Kinder und Jugendliche in Kitas und Schulen gedeihen, hängt nicht nur von der Anstrengungsbereitschaft der jungen Menschen und nicht nur vom guten Willen der Erzieherinnen und Erzieher oder Lehrkräfte ab, sondern mindestens ebenso von deren Ausbildung und vom Stellenschlüssel, unter dem sie ihre Arbeit verrichten. Überall dort, wo Fälle von schwerer Vernachlässigung oder Traumatisierung in Familien, Kitas oder Schulen den Weg in die Medien finden, zeigt sich, dass die Systeme, in denen sich die jeweiligen schlimmen Vorfälle ereigneten, selbst in Not waren. Gut ausgestattete, der Erziehung und Ausbildung unserer Kinder dienende Einrichtungen sind daher ein erstrangiger Einflussfaktor, um die zentripetalen, dem Zusammenhalt einer Gesellschaft dienenden Kräfte zu stärken. Die überragende Bedeutung von Familien sowie Erziehungs- und Bildungseinrichtungen beruht auf dem in jedem Menschen neurobiologisch verankerten Grundbedürfnis, sozial akzeptiert und zugehörig zu sein.

Die in Deutschland gegebenen Voraussetzungen, psychisch gesund aufzuwachsen, sind – verglichen mit einer Reihe anderer westlicher Länder – wohl eher als gut zu bezeichnen. Untersuchungen, die bei jungen Menschen durchgeführt wurden, deuten allerdings darauf hin, dass Selbstwertprobleme, Einsamkeitsgefühle und Depressivität zunehmen.[130] Gleichzeitig sprechen einige Daten dafür, dass die zwischenmenschliche Empathie in den letzten Jahrzehnten abgenommen hat.[131] Die renommierte Jugendforscherin Jean Twenge fand bei jüngeren Menschen einen deutlichen Zusammenhang zwischen Selbstwertproblemen sowie Suizidalität und dem Ausmaß, in dem die Betroffenen die verschiedenen Angebote des Internets (soziale Netzwerke, Spiele und ungezieltes Surfen) nutzen. Das Internet, auf dessen Bedeutung für den gesellschaftlichen Zusammenhalt wir noch zurückkommen werden, ist jedoch nur *ein* Faktor unter vielen. Die sogenannte Urbanisation, also das Leben in Großstädten und die dadurch verursachte Abtrennung des Menschen von der Natur ist, wie in den letzten Jahren zunehmend erkannt wurde, ein eigenständiger Belastungsfaktor und potenzieller Auslöser psychischer Erkrankungen.[132] Ohne ein hinreichendes Maß an psychischer Gesundheit kann sich in einem Menschen keine Empathie und in einer Gesellschaft kein Zusammenhalt entwickeln. Für die These, dass es die Abtrennung von der Natur ist, die beim Leben in der Stadt eine bedeutende, wenn nicht die entscheidende Rolle spielt, spricht eine Untersuchung, die nachwies, dass gezielte Aufenthalte in der freien Natur dem Wohlbefinden und der psychischen Gesundheit dienen.[133]

Vieles spricht dafür, dass eine deutliche Mehrheit sowohl der jungen als auch der erwachsenen Menschen in unserem Land psychisch gut aufgestellt und den Herausforderungen des Lebens gewachsen ist. Dies alleine darf uns aber nicht beruhigen. Denn auch Minderheiten können den Zusammenhalt einer Gesellschaft schwerwiegend gefährden und die Auseinandersetzung mit anstehenden Krisen schwer beeinträchtigen. Der Berliner Soziologe Andreas Reckwitz beschreibt für die westlichen Gesellschaften eine Entwicklung zunehmender Spaltung.[134] Der Spalt klafft zwischen einer »neuen« urbanen, überwiegend gut gebildeten Mittelschicht einerseits und andererseits einer unter prekären, also unter schwierigen sozialen Bedingungen lebenden, vorwiegend im Dienstleistungsbereich beschäftigten Schicht. Zwischen diesen beiden Gruppen befinden sich, so Reckwitz, von Abstiegsängsten geplagte Menschen, die der früheren »alten Mittelschicht« angehörten beziehungsweise ihr noch angehören.[135] Zur prekären Schicht gehörende Menschen konnten keine Bildung erwerben. Sie arbeiten meistens ohne Qualifikation in schlecht bezahlten Berufen und können ihrerseits ihren Kindern keine Bildungschancen eröffnen. Sie stehen unter dem Druck steigender Mieten und sind ständig von Arbeitslosigkeit bedroht. Bedroht und unter Druck fühlen sich aber auch die Angehörigen der »alten Mittelschicht«, zu der teils Menschen mit bürgerlichen Berufen und Facharbeiter zählen, aber auch Angestellte mit geringer Qualifikation. Sie fürchten den Abstieg ins Prekariat. Welche Folgen ergeben sich daraus für den Zusammenhalt und für die Empathie-Fähigkeit einer Gesellschaft? Aus Sicht der sozialen Neurowissenschaften und der Sozialpsychologie lassen sich dazu klare Aussagen treffen.

Menschen, die den Eindruck haben, dass sie zu den Verlierern eines Gemeinwesens gehören, erleben das als Ausgrenzung, also als das Gegenteil von sozialer Akzeptanz und Zugehörigkeit, ohne die der Mensch psychisch und körperlich nicht gesund bleiben kann. Das Gefühl des Ausgegrenzt-Seins hat Reaktionen zur Folge, die beim Einzelnen mit neurobiologischen Veränderungen beginnen und sich auf sein

Sozialverhalten auswirken. Bei Menschen, die einen Mangel an Zugehörigkeit und soziale Ausgrenzung erleiden, zeigen sich im Gehirn Reaktionen des neurobiologischen Schmerz- und Motivationssystems sowie Veränderungen im Bereich der Selbst-Netzwerke. Als Folge davon reagieren die Betroffenen entweder mit Rückzug und Depression oder mit Wut und Aggression (beide Reaktionen können wechseln oder sogar gemeinsam auftreten). Unabhängig vom Reaktionsmuster unterliegen Menschen, denen es an sozialer Verbundenheit fehlt, einem signifikant höheren Krankheitsrisiko und haben eine deutlich geringere Lebenserwartung.[136]

Bei denjenigen, die Wut und Aggression erleben, ist nicht nur die persönliche Identität (»Ich wurde in meinem Leben ausgegrenzt«), sondern auch die Gruppenidentität betroffen (»Ich gehöre zur Gruppe derjenigen, die man ausgegrenzt hat«). Dies bedeutet, dass die Betroffenen ihre Wut und Aggression in ihre kollektive Identität mitnehmen und die – von den vielen Einzelnen erlebten – negativen Affekte dort sozusagen in einen gemeinsamen sozialen Pool einfließen. Wenn eine Gesellschaft zulässt, dass Minderheiten sozial abgehängt werden, bedroht dies ihren Zusammenhalt. Eine »gesunde«, weil rationale Reaktion bei denen, die sich benachteiligt fühlen, wäre, dass sie für konkrete soziale Verbesserungen kämpfen und sich in Parteien engagieren, die für bezahlbaren Wohnraum, bessere Löhne, bessere soziale Absicherung und für ein Schulsystem eintreten, welches auch Kindern aus bildungsfernen Familien eine Chance gibt. Leider schlägt nur ein Teil der Betroffenen diesen Weg ein.

Wut und Hass als Programm: »Affektgruppen«

Seit einigen Jahren ist in den westlichen Gesellschaften, sowohl in der politischen Öffentlichkeit als auch im Internet, zu beobachten, wie Gruppen entstehen, die vor allem dadurch auffallen, dass sie tiefsitzende, chronische Gefühle der Unzufriedenheit, des Ärgers und der Wut mit sich herumtragen. Ihr Thema ist nicht etwa die konkrete Verbesserungen der Verhältnisse. Ihr eigentliches Thema scheinen die in ihnen vorhandenen negativen Gefühle selbst zu sein. Affekte wie Wut und Aggression sind normalerweise Hilfsmittel und dienen dem Zweck, einem berechtigten Anliegen Gehör zu verschaffen. Für Menschen, die den genannten Gruppen angehören, sind Wut und Aggression aber nicht mehr Mittel zum Zweck, ihre Affekte *sind* das eigentliche Programm. Man könnte sie daher als »Affektgruppen« bezeichnen. Sie entsprechen den im ersten Kapitel beschriebenen »narzisstischen Gruppen«.[137] Ich möchte sie hier aus psychologischer Sicht nochmals unter die Lupe nehmen.

Die emotional aufgeladene Kritik der »Affektgruppen« zielt nicht etwa darauf, konkrete Missstände zu beheben – was überaus sinnvoll wäre. Diese Gruppen sind nicht *für*, sondern *gegen* etwas. Ihre Wut und ihr Hass richten sich auf andere Gruppen innerhalb der Gesellschaft. Gegenstand ihrer Aggression sind einerseits Gruppen, denen sie sich unterlegen und von denen sie sich gedemütigt fühlen (Gebildete, Kulturschaffende, Wohlhabende oder solche, die sie dafür halten). Andererseits hassen sie Gruppen, die sie als Konkurrenz um gemeinsame soziale Ressourcen[138] erleben

(Deutsche mit Vorfahren aus dem Ausland, Fremde, Migranten, Menschen mit anderer Hautfarbe). Zu ihrem Feindbild zählt außerdem alles, was ihnen fremd und verdächtig ist (darunter Juden, Muslime, Menschen mit anderer sexueller Orientierung und andere).

Affektgruppen, also Gruppen, deren Programm sich im Ausdruck negativer, gegen andere Gruppen gerichteter Affekte erschöpft, kultivieren eine Opferhaltung.[139] Wer sich als verfolgtes Opfer aufführt, kann sich als jemand fühlen, der besondere Ansprüche stellen darf. Er oder sie kann sich einbilden, nunmehr selbst das Recht zu haben, andere (die angeblich Schuldigen) verfolgen zu dürfen. Wer die angebliche oder tatsächliche eigene Benachteiligung zum ständigen und alleinigen Thema macht, lähmt sich selbst und schneidet sich von Möglichkeiten ab, welche die Zukunft bieten könnte.

Menschen, die sich Affektgruppen anschließen, wollen auf der Ebene einer gemeinsamen *kollektiven* Identität die subjektiv gefühlten Erniedrigungen kompensieren, die man ihrer *persönlichen* Identität zugefügt habe. Ein ständig aggressiver Ton, zur Schau gestellte Kraftmeierei und der zum Programm erhobene Traum von nationaler Großartigkeit sollen die über viele Jahre gewachsenen, als quälend empfundenen persönlichen Minderwertigkeitsgefühle ausgleichen. Es sind Gruppen, deren meist unbewusster Zweck sich darin erfüllt, Traumatisierungen wiedergutzumachen und Minderwertigkeitsgefühle und Selbstzweifel ihrer Mitglieder auszugleichen.

Affektgruppen leben vom Hass und sind im Hinblick auf die Bewältigung anstehender Krisen eine gefährliche Erscheinung in unseren demokratischen Gesellschaften. Sie schwächen und zerstören den Geist des gesellschaftlichen Zusammenhalts. Statt Vertrauen zu stärken, säen sie Misstrauen und zerstören die innergesellschaftliche Empathie. Sie begegnen uns auf der Straße, im politischen Raum und im Internet. Manche bilden sich spontan, die meisten wurden und werden aber organisiert, teils durch in der Öffentlichkeit geführte Kampagnen, vor allem aber mithilfe des Internets. Ihre Organisatoren sind sehr unterschiedlicher Herkunft, kommen aber meistens nicht aus dem Milieu ihrer Anhängerbasis. Viele Anführer dieser Gruppen sind geltungsbedürftige Narzissten, welche die Unzufriedenen hinter sich versammeln, indem sie sich selbst als Opfer (böser Mächte, der Presse und so weiter) darstellen und damit ihren Anhängern den (meist falschen) Eindruck vermitteln, einer der ihren zu sein. An Anhängern ist kein Mangel: In jedem Land leben genügend mit ihrem persönlichen Schicksal unzufriedene Menschen, für die eine Gruppenidentität verlockend erscheint, die ihnen die Teilhabe an einer großen »Bewegung« verspricht. Dass narzisstische Führer ihre Glücksversprechen und den Traum nationaler Größe am Ende nicht einlösen können, sondern ein Land ruinieren, zeigt die deutsche Geschichte zwischen 1933 und 1945 – aber nicht nur sie.

Auf jeden narzisstischen Rausch folgt der Kater. Länder, in denen Narzissten regieren und ihr Land durch innergesellschaftlichen Hass gespalten haben, hatten bei der COVID-19-Pandemie im Frühjahr 2020 die schlimmsten Verläufe. Wie zahlreiche, gut dokumentierte Vorgänge der letzten Jahre zeigen, ist die Förderung von Affektgruppen über Ländergrenzen hinweg eine inzwischen gängige Methode der internationalen Politik. Um ein anderes Land in eine bestimmte Richtung zu beeinflussen oder zu schwächen, kann man über das Internet die Unzufriedenen dort, die es in jeder Gesellschaft gibt, in Affektgruppen organisieren und auf diesem Wege Hass und Aggression gegen bestimmte Gegner schüren, die angeblich die Schuld am Unglück der Betroffenen tragen.[140] Zu den wichtigsten Akteuren, die sich dieser Methode bedienen, gehören große Investoren, denen Gesetze und Vorschriften im Wege sind, die Arbeitnehmerrechte, Verbraucherrechte und die Umwelt schützen.[141]

Umweltschutzauflagen werden von großen Investoren als Hindernisse ihrer vielfältigen, teilweise tief in die Unversehrtheit der Natur eingreifenden Projekte angesehen. Die erschreckenden Fakten zum Klimawandel und jegliche Empathie mit der Natur wären hier nur hinderlich. Um Zweifel an den Klimafakten zu säen, wurden Lobbyverbände gegründet, die sich mit bezahlten Wissenschaftlern schmücken.[142] Affektgruppen sind in diesem Fall eine hervorragende Möglichkeit, um Falschinformationen über den Klimawandel unters Volk zu bringen. Wenn man den Menschen einredet, dass der Klimawandel lediglich eine Erfindung böser Mächte sei, die ihnen, den einfachen Menschen, das Leben noch schwerer machen wollten, als es ohnehin schon ist, dann lassen sich die Leute hervorragend gegen den Klimaschutz instrumentalisieren. Daher wurden narzisstische und nationalistische Gruppen tatsächlich zu wichtigen Propagandisten bei der Verbreitung von Falschmeldungen über den Klimawandel.[143]

Die Bedeutung der sozialen Medien

Im Jahre 2020 nutzten mehr als 3,6 Milliarden Menschen soziale Medien.[144] Nach aktuellen Schätzungen soll die Zahl der Nutzer bis zum Jahr 2025 auf etwa 4,4 Milliarden ansteigen.[145] Ein Blick auf ihre Bedeutung für den gesellschaftlichen Zusammenhalt und für die Stärkung von Empathie gegenüber der Natur ist daher unumgänglich. Das Versprechen, das die Social-Media-Plattformen ihren Nutzern machen, ist die zwischenmenschliche Verbundenheit. Ihre digitale Architektur wurde bewusst so programmiert, dass sie in maximal effizienter Weise das neurobiologisch verankerte Bedürfnis des Menschen ansprechen, mit anderen verbunden zu sein, also einerseits gehört und gesehen zu werden und andererseits sich selbst Ausdruck verleihen zu können und Gehör zu finden.[146]

Obwohl sie die Sehnsucht nach sozialer Verbundenheit offensichtlich in hohem Maße erfolgreich ansprechen, scheinen die sozialen Medien ihr Glücksversprechen jedoch nicht einlösen zu können. Wissenschaftliche Untersuchungen deuten darauf hin, dass die Nutzung sozialer Medien, vor allem wenn sie zeitintensiv (über mehrere Stunden täglich) stattfindet, das subjektive Wohlbefinden der User mindert und – entgegen der Erwartung – Gefühle der Einsamkeit eher steigert als reduziert.[147] Ein Grund dafür scheint unter anderem darin zu liegen, dass sich das Internet zu einer Plattform ständigen gegenseitigen Bewertens, Vergleichens, Verglichen-Werdens und damit von Neid und Eifersucht entwickelt hat. Obwohl viele Nutzer in ihren digitalen Accounts Dutzende von »Freunden« gelistet haben,[148] tragen die sozialen Medien zum Wohlbefinden offenbar nur wenig bei, ganz anders als Freunde, mit denen man in der analogen Welt physisch – von Angesicht zu Angesicht – zusammenkommt.

Ein hinreichendes Maß an physischer, also körperlicher Präsenz anderer Menschen scheint zu den essenziellen, unverzichtbaren Bedürfnissen des Menschen zu zählen. Drei Faktoren dürften hier eine Rolle spielen: Um Verbundenheit zu erleben, brauchen Menschen direkten Blickkontakt,[149] der über das Internet nicht möglich ist (da man nicht gleichzeitig in die Linse der Kamera und in die Augen des Gegenübers auf dem Bildschirm schauen kann). Ein weiterer Aspekt betrifft meistens nicht bewusst wahrgenommene, sich automatisch einstellende Synchronien (Gleichzeitigkeiten), die sich bei den Bewegungen zweier Menschen beobachten lassen, die sich in der realen Welt begegnen. Mit anderen Menschen in einer Art körperlichem Gleichtakt zu sein schafft, wie Untersuchungen zeigen, ein Gefühl der Verbundenheit. Dieser Effekt stellt sich auch dann ein, wenn zwei Menschen in der realen Welt etwas gemeinsam erleben, zum Beispiel gemeinsam einen Film sehen (demgegenüber bleibt das Verbundenheitsgefühl aus, wenn zwei Menschen an ihren jeweiligen Bildschirmen getrennt das Gleiche beobachten).[150] Ein dritter Aspekt betrifft die Tatsache, dass es nur bei analogen Begegnungen möglich ist, sich zu berühren. Berührungen – und seien sie nur symbolischer Natur wie im Falle eines Händedrucks oder eine kurze freundliche Berührung des Unterarmes eines anderen Menschen[151] – sind eine unverzichtbare Komponente für das Gefühl zwischenmenschlicher Verbundenheit.[152] Daraus folgt: *Um den Zusammenhalt einer*

Gesellschaft und die in ihr vorhandenen Empathie-Potenziale nicht unter einen kritischen Punkt absinken zu lassen, müssen möglichst reichhaltige Möglichkeiten zu realen zwischenmenschlichen Begegnungen gegeben sein. Einschränkungen des sozialen Kontakts, wie sie in der Anfangsphase der COVID-19-Epidemie unvermeidlich waren, sind ein auf die psychische und medizinische Gesundheit durchschlagender, schwerwiegender Eingriff und müssen auf das Allernötigste beschränkt und zeitlich möglichst eng begrenzt sein.[153]

Im Gegensatz zum eher begrenzten Potenzial des Internets, echte zwischenmenschliche Verbundenheit zu stiften, stehen seine fast grenzenlosen Potenziale bei der Verbreitung von Informationen (einschließlich Gerüchten und Falschinformationen), Meinungen, Denkweisen, Handlungsbereitschaften und bei der emotionalen Ansteckung mit Stimmungen.[154] Nutzer von sozialen Medien bekommen nicht nur das zu lesen und zu sehen, was Menschen, mit denen sie direkt kommunizieren, ihnen schreiben oder als Bildmaterial zusenden. Zusätzlich erhalten alle Nutzer auch sogenannte Feeds. Als Feeds werden alle Mitteilungen bezeichnet, die dem einzelnen Nutzer von seiner Social-Media-Plattform (also zum Beispiel von Facebook) zugänglich gemacht werden. Viele Feeds kommen als scheinbar objektive Nachrichten daher, oft handelt es sich um nicht immer sofort als solche erkennbare Werbung. Welche Feeds die Nutzer – jenseits der Mitteilungen, die sie von anderen Nutzern erhalten – zu sehen bekommen, entscheiden die Betreiber der Plattform.[155] Interessierte Auftraggeber können – gegen entsprechende Bezahlung – die Betreiber der Plattform veranlassen, bestimmte Feeds an bestimmte

Gruppen von Nutzern zu lancieren. Typische Auftraggeber sind nicht nur Hersteller und Händler, die bestimmte Produkte bewerben, sondern auch politische Parteien oder undurchsichtige Akteure aus der Welt der Wirtschaft beziehungsweise aus der Finanzwelt, die politischen Einfluss ausüben wollen. In dieser Weise vorgenommene Einflussnahmen haben, wie allgemein bekannt, unter anderem die Wahl von Donald Trump in den USA und die Abstimmung in Großbritannien über den Brexit mitentschieden. Von der Beeinflussung künftiger Wahlen, auch in Deutschland, ist auszugehen.

Wie nicht anders zu erwarten, zirkulieren auch in Fragen, die den Umweltschutz und die Klimathematik betreffen, massenhaft Falschinformationen, die darauf abzielen, die menschengemachte Klimaerwärmung, an der, wie bereits erwähnt, 97 Prozent aller Experten nicht den geringsten Zweifel haben,[156] infrage zu stellen.[157] Typische Methoden bei der Verbreitung von Falschinformationen im Internet und in den sozialen Medien sind

1. die Verwendung falscher Absender (manchmal unter Verwendung von Pseudonymen, die Ähnlichkeit mit dem Namen eines oder einer Prominenten haben);
2. eine unsachliche, an Emotionen wie Angst oder Wut appellierende Sprache;
3. der Versuch zu polarisieren, also Gegensätze zu übertreiben und zu spalten;
4. das Streuen von Verschwörungstheorien (mit der Unterstellung, dass geheime Mächte im Hintergrund die Fäden ziehen);

5. Versuche, Vertreter einer anderen Meinung als der eigenen zu diskreditieren;
6. Versuche, den Adressaten mit provozierenden Äußerungen zu einer Reaktion zu veranlassen und in (dann meistens völlig fruchtlos verlaufende) Diskussionen zu verwickeln;[158] und schließlich
7. Falschinformationen ständig zu wiederholen, da Menschen dazu neigen, eine Nachricht, die sie zum wiederholten Male hören, für wahr zu halten (ein als »illusionary truth effect« bezeichnetes Phänomen).[159]

Untersuchungen zu der Frage, wer über das Internet verbreiteten Falschinformationen besonders leicht auf den Leim geht, zeigen, dass Falschinformationen vor allem bei solchen Menschen auf fruchtbaren Boden fallen, die auch sonst im Leben zu einer reflexartigen Leicht- oder Gutgläubigkeit neigen.[160]

Nicht nur Falschinformationen, sondern alles, was Menschen am Bildschirm ihrer Smartphones, Tablets oder Computer sehen oder hören, hat massive – von den Nutzern meistens bewusst gar nicht wahrgenommene – Effekte. Was Social-Media-Nutzer lesen, hat insbesondere die Wirkung einer emotionalen Ansteckung. Erhalten Nutzer von sozialen Medien Feeds, in denen positive (oder eher negative) Emotionen vorkommen, dann versenden die Nutzer anschließend eher entsprechend positiv (oder eher entsprechend negativ) gestimmte Nachrichten.[161] Auf dem Weg über die sozialen Medien können Emotionen einzelner Akteure zu kollektiven Emotionen werden und eine gemeinsame kollektive Identität begründen.[162] Ganz ähnlich wie im »echten« Leben, können sich die in solchen digitalen Kollektiven ausgetauschten und dann miteinander geteilten Emotionen schnell hochschaukeln, zu besonders heftigen Ausschlägen führen und dann zum Beispiel Radikalisierungen nach sich ziehen.

Nicht nur Emotionen, auch moralische Einstellungen können via Internet Verbreitung erlangen, wobei die Effekte bei denjenigen, die ohnehin schon der gleichen moralischen Auffassung waren, deutlich stärker ausfallen als bei denjenigen, die man eigentlich überzeugen möchte.[163] Die Ansteckungseffekte des Internets betreffen nicht nur Stimmungen und moralische Einstellungen, sondern bahnen auch Handlungsbereitschaften: Gibt man Nutzern über die schon genannten Feeds den Hinweis, ihre im Account gelisteten »Freunde« hätten eine bestimmte Handlung vorgenommen (zum Beispiel, sie seien zur Wahl gegangen), dann hat das einen signifikanten ansteckenden Effekt auf das Verhalten (zum Beispiel auf die Wahlbeteiligung) der angesprochenen Adressaten.[164] Aufgrund solcher Studien ist davon auszugehen, dass über das Internet Handlungsbereitschaften erst recht dann gebahnt werden, wenn emotional aufgeladene Themen anstehen oder wenn Hass und Aggression verbreitet werden. Alle Terroranschläge der letzten Jahre wurden von Tätern ausgeübt, die sich vorher intensiv im Internet bewegt hatten und dort inspiriert worden waren.

Wie ist die Bedeutung der sozialen Medien (nicht des Internets als Ganzes)[165] für ökologisch engagierte Menschen einzuschätzen? Ich meine, dass sich drei vorläufige Schlussfolgerungen ziehen lassen:

1. Die Effekte der sozialen Medien auf den gesellschaftlichen Zusammenhalt und auf die innergesellschaftlichen Empathie-Potenziale sind überwiegend negativ einzuschätzen.
2. Die sozialen Medien sind, soweit es sich um offene Foren handelt, keine verlässliche Informationsquelle zu den Themen Naturzerstörung und Klimawandel, da sie einem hohen Manipulationsrisiko unterliegen. Vorzuziehen sind hier qualifizierte Quellen, zum Beispiel die Websites von Forschungsinstituten, von Umweltorganisationen, internationalen Institutionen (insbesondere die UN) und wissenschaftliche Datenbanken.
3. Ökologische Aktionsbündnisse sollten ihre interne Kommunikation nicht ausschließlich digital organisieren und gestalten, sondern auf allen Organisationsebenen so oft wie möglich physische (analoge) Zusammenkünfte arrangieren. Ein hinreichendes Maß physischer Präsenz unserer Mitmenschen ist, gerade bei der politischen Arbeit, unersetzlich, um die wechselseitige Verbundenheit zu stärken.

Menschlich, aber riskant und am Ende gefährlich: Bequemlichkeit und Selbsttäuschung durch Optimismus

Wann entdecken diejenigen, die sich in Umweltfragen derzeit noch abwartend verhalten und zur viel zitierten »schweigenden Mehrheit« zählen, dass sich der Klimawandel nicht an fernen Orten und in ferner Zeit abspielt, sondern dass er bei uns angekommen ist und unser Leben dramatisch verändern wird, wenn wir unser Leben nicht selbst dramatisch verändern? Dass uns gewaltige Veränderungen bevorstehen, ist gewiss. Die Wahl, die wir treffen können, besteht lediglich darin, ob wir den Veränderungsprozess selbst mitgestalten oder ob wir die Augen verschließen und abwarten, bis uns die Entwicklung überrollt.

Welche Folgen es haben kann, wenn man von einer heraufziehenden Gefahr weiß, aber darauf vertraut, dass alles schon nicht so schlimm kommen werde, hat die Erfahrung mit der COVID-19-Epidemie gezeigt. Dass man mit einer baldigen Corona-Epidemie zu rechnen hatte, war vorhersehbar und wurde von Wissenschaftlern im Jahr 2018 auch bereits konkret vorausgesagt.[166] Dies blieb unbeachtet, und plötzlich war die Krise da. Weil wir überhaupt nicht vorbereitet waren,[167] traf sie uns mit voller Wucht. Der sorglose Umgang mit einer drohenden Gefahr wird in der wissenschaftlichen Literatur als »Optimism Bias« bezeichnet, was sinngemäß mit »Selbsttäuschung durch Optimismus« übersetzt werden kann.[168] Solange von einer Gefahr noch nichts zu sehen, zu riechen oder anderweitig zu spüren ist, neigen viele Menschen zu der Ansicht, man habe dann, wenn es so weit sei, ja sicher noch genügend Zeit, um zu reagieren. Ein Grund dafür ist unsere Alltagserfahrung. Hier haben wir es meistens mit Vorgängen zu tun, die einer sogenannten *linearen* Logik folgen: Wenn die Fruchtsaftflasche, aus der man sich jeden Morgen zum Frühstück ein kleines Glas gönnt, halb leer ist, bleibt noch immer genügend Zeit, sich irgendwann in den kommenden Tagen eine neue Flasche zu kaufen. Der Messwert –

in diesem Falle die Menge des in der Flasche noch vorhandenen Saftes – verändert sich *linear*, denn er nimmt täglich jeweils um den *gleichen* Betrag ab.

Epidemien und Entwicklungen, die beim Klimawandel im Spiel sind, folgen jedoch keiner *linearen*, sondern einer *exponentiellen* Logik (siehe Abbildung 1). Ein *exponentieller* Verlauf liegt dann vor, wenn ein Messwert sich zum jeweils folgenden Messzeitpunkt zum Beispiel verdoppelt oder um ein Mehrfaches erhöht. Einer sich exponentiell verändernden Situation mit linearer Gemütlichkeit entgegenzutreten, kann zu bösen Überraschungen führen. Einer alten indischen Legende zufolge wollte der indische Herrscher Shihram den Erfinder des Schachspiels, einen Brahmanen namens Sissa, belohnen und stellte ihm einen Wunsch frei. Sissa bat den Herrscher, ihm auf das erste der 64 Felder des Schachspiels ein Reiskorn zu legen, auf das zweite Feld die doppelte Menge, also zwei Reiskörner. Auf jedem weiteren Feld sollte die Zahl der Körner jeweils verdoppelt werden – bis zum 64. Feld. Shihram stimmte dem Wunsch zu, da er nicht erkannte, dass bei Sissas Wunsch eine *exponentielle* Logik im Spiel war. Die Berechnung der Reismenge, die er schuldete, ließ sich zunächst gemütlich an: Auf das zehnte Feld wären 512, auf das elfte 1024 Reiskörner entfallen. Doch dann entwickelten sich die Zahlen plötzlich anders als vorhergesehen: Beim 20. Feld wären 524 288 Körner fällig gewesen, beim 30. Feld mehr als 536 Millionen Reiskörner. Auf das letzte, 64. Feld des Schachbretts hätten mehr als 9200 Billiarden Reiskörner gelegt werden müssen. Shihram hätte, wenn er sein Versprechen hätte einlösen wollen, Sissa 540 Milliarden

Tonnen Reis geschuldet. Prozesse, welche die Klimakrise verursachen, folgen, wie ein Blick auf die in Kapitel 3 gezeigten Daten deutlich macht, genau dieser exponentiellen Logik. Wir befinden uns, um im Bild des Schachspiels zu bleiben, vermutlich zwischen dem 20. und 30. Feld des Schachbretts. Höchste Zeit, sich vom »Optimism Bias« zu verabschieden.

Zusammenfassung

In modernen Gesellschaften stehen sich auf Zusammenhalt gerichtete und auseinanderstrebende Kräfte gegenüber. Besondere Gefahren drohen dem Zusammenhalt einer Gesellschaft von Menschen, die ausgegrenzt sind, sich ausgegrenzt fühlen oder denen man eingeredet hat, sie seien ausgegrenzt. Viele dieser Menschen sammeln sich in Gruppen, deren Kennzeichen ein ständig aggressiver Ton, zur Schau gestellte Kraftmeierei und ein zum Programm erhobener Traum von nationaler Großartigkeit ist. Letztere soll als quälend empfundene persönliche Minderwertigkeitsgefühle ausgleichen. Untersuchungen zeigen, dass Gruppen dieses Typs zu wichtigen Propagandisten bei der Verbreitung von Falschmeldungen zählen, insbesondere solchen, in denen der Klimawandel geleugnet wird. Eine besonders negative Rolle bei der Multiplikation von Hass und Falschmeldungen spielen die sozialen Netzwerke des Internets. Ihre negativen Effekte auf den gesellschaftlichen Zusammenhalt und auf die innergesellschaftlichen Empathie-Potenziale sind bedrohlich. Um den

Zusammenhalt einer Gesellschaft und die in ihr vorhandenen Empathie-Potenziale zu stärken, bedarf es einer Politik, welche auf soziale Gerechtigkeit achtet, allen Kindern gute Bildung ermöglicht und bildungsfernen Menschen mehr kulturelle Partizipation ermöglicht.

5 LÖSUNGSWEGE

Wiederentdeckung der Natur, Veränderung des persönlichen Lebensstils, Neuausrichtung der Politik

Mit diesem Buch will ich meinen Leserinnen und Lesern einen Anstoß geben, sich zu öffnen und sich mit einer neuen, positiven inneren Haltung gegenüber der Welt der Natur aufzustellen. Außerdem möchte ich allen, die das Buch zur Hand nehmen, Lust machen, sich selbst und der Umwelt zuliebe ihren persönlichen Lebensstil zu ändern, schließlich aber auch, sich darüber hinaus politisch für die Ziele der Bewahrung der Natur zu engagieren.

Die Natur dient dem Menschen nicht nur als Lebensraum, sie ist auch eine gewaltige medizinische und soziale Ressource. Menschliche Gesundheit, gutes menschliches Zusammenleben und die Bewahrung der Natur stehen in einem Dreiecksverhältnis der Gegenseitigkeit. Als John Muire, Gründer der ältesten und bis heute größten Naturschutzorganisation der USA, im Jahre 1912 die Feststellung traf, die Natur könne heilen und Körper wie Seele gleichermaßen stärken, war er wissenschaftlichen Studien, die seine Intuition mehr als hundert Jahre später objektiv bestätigen sollten, weit voraus.[169] In der Natur zu sein und sie bewusst auf sich wirken zu lassen fördert die körperliche und psychische

Gesundheit, macht Menschen sozial verträglicher und fördert die Bereitschaft, sich gegenüber Mitmenschen empathisch zu verhalten.[170] Umgekehrt zeigen Menschen mit ausgeprägter Empathie ein höheres Interesse an Fragen des Umweltschutzes und eine stärker ausgeprägte Bereitschaft, sich in Umweltfragen zu engagieren.[171]

Der spezifische Ansatz dieses Buches ist, dass wir Menschen uns wieder in eine echte Beziehung zur Natur setzen sollten. Damit gemeint ist, dass wir die Natur nicht nur als Kulisse für diverse selbstgefällige oder ehrgeizige sportliche Auftritte benutzen, sondern uns die Zeit nehmen sollten, ihr wirklich zu begegnen, sie auf uns wirken zu lassen, sie zu genießen und als ein Geschenk wahrzunehmen. In einer wirklichen Beziehung mit ihr zu stehen würde ausschließen, die Natur wie einen Gebrauchsgegenstand zu benutzen und Wege, Seeufer, Parks und Pisten verschmutzt zurückzulassen. Stattdessen kann sie uns, wenn wir uns psychisch ausgelaugt, depressiv oder vom stundenlangen Arbeiten am Bildschirm erschöpft fühlen, wertvolle therapeutische Dienste leisten und uns regenerieren – und das kostenlos, als ein Geschenk, das sie für unsere Spezies seit Urzeiten war und ist.

Wenn wir uns die Natur als ein Gegenüber unserer Spezies vorstellen, dann natürlich in dem Bewusstsein, dass wir die Warte einer menschlichen Perspektive im Allgemeinen und der Vernunft im Besonderen weder verlassen können noch wollen. Es macht keinen Sinn, aus der Natur ein höheres Wesen zu machen.[172] Wenn man die Natur dem Menschen als ein lebendiges, unser Dasein überwölbendes und uns empathisch zugewandtes System gegenübergestellt, dann kann ein solches Bild trotzdem durchaus eine Grundlage haben, die auf Vernunft gründet. Dass die drängenden ökologischen Herausforderungen in der Bevölkerung kein breites Momentum erzeugen, hat damit zu tun, dass wir den Aspekt der Beziehung und der tiefen emotionalen Verbundenheit des Menschen mit der Natur bisher vernachlässigt haben.

Die Erde steht ökologisch auf der Kippe. »Wo aber Gefahr ist, wächst das Rettende auch.«[173] Am Verhalten eines jeden Einzelnen und der Menschheit als Ganzes wird sich in diesen Jahren entscheiden, ob zutrifft, was der Dichter Friedrich Hölderlin, der an der Welt selbst krank wurde,[174] einst formulierte. Zusammen mit der Mehrheit meiner wissenschaftlichen Kollegen bin ich der Überzeugung, dass das Spiel noch nicht verloren ist.

Der Beitrag des einzelnen Menschen: »Hedonischer Verzicht«

Wer die Sehnsucht aller vernunftbegabten Menschen teilt, im Leben gute Selbstfürsorge walten zu lassen, von wohlgesinnten Mitmenschen umgeben zu sein und ein glückliches und sinnvolles Leben zu führen, dem öffnet die Natur die Türen. Dies könnte und sollte ein guter Grund sein, in sich die Empathie gegenüber der Natur wachzurufen, die eigene Lebensführung entsprechend umzustellen und damit auch für das eigene Wohlergehen, insbesondere für die eigene Gesundheit, mehr zu erreichen, als es alle anderen Bemühungen könnten.

Das Grundleiden des modernen Menschen ist die Entfremdung. In der Zivilisation, die wir uns mit der Sesshaftwerdung (siehe Kapitel 2) selbst angetan haben, aus der wir aber auch nicht mehr herauskönnen und nicht herauswollen, steht der Mensch ständig auf dem Prüfstand. Der Begriff des Stresses ist nichts anderes als der Code dafür, dass wir von klein auf gemessen, verglichen und auf unsere Tauglichkeit, Leistungsfähigkeit und Geschwindigkeit hin geprüft werden. Die existenzielle Frage, die uns, dem modernen, entfremdeten Menschen heute den Schlaf raubt, ist nicht (die eigentlich wichtigste aller Fragen), wer wir sind, sondern ob wir gut genug sind. Der Zweifel an der eigenen Person, der den Kern der Entfremdung ausmacht, trifft uns nicht nur von außen, er sitzt auch in uns selbst. Denn wir haben die Maßstäbe der äußeren Welt verinnerlicht, obwohl sie uns das Leben oft genug nur zur Qual machen. Die Natur hat gegen die Not des modernen Menschen ein Angebot parat, sie ist insoweit empathisch und gibt uns damit Grund, zu uns selbst empathisch zu sein.

Der Zweifel, der von außen und vom eigenen Inneren her an uns nagt, bewirkt, dass wir uns klein und schlecht fühlen. Im Bemühen, dieser Situation zu entkommen, neigt der Mensch zu Reaktionen, von denen einige den Nachteil haben, dass sie das subjektive Lebensgefühl weiter verschlechtern und schließlich krank machen. Eine der Reaktionsweisen ist der Gang in die Höhle des Löwen. Damit meine ich den Versuch, sich den gestellten Anforderungen mit allen Kräften gewachsen zu zeigen und dabei bis an die Grenze der eigenen Leistungsfähigkeit zu gehen.[175] Menschen, die diesen Weg wählen, landen, wenn ihre Kräfte erschöpft sind, im Burnout oder in einer Depression. Sie werden oft auch psychosomatisch krank oder erleiden stressbedingte körperliche Erkrankungen.[176]

Ein anderer, alternativer Modus ist der Rückzug, geleitet von der Hoffnung, dass man, wenn man andere nicht an sich heranlässt, auch weniger gesehen und (schlecht) bewertet wird. Abgesehen davon, dass diese Rechnung nicht immer aufgeht, wird sozialer Rückzug – so verständlich das Motiv, die eigenen Nerven schonen zu wollen, auch ist – mit dem Preis der Einsamkeit bezahlt. Auch sie ist mit einem stark erhöhten Erkrankungsrisiko verbunden und verkürzt die Lebenszeit.[177]

Ein dritter Modus ist der Versuch, das als zu klein und unbedeutend erlebte, gepeinigte Selbst aufzublasen. Der quälenden Verwundbarkeit und Vergänglichkeit des Menschen wird mit aller Macht der Gegenentwurf eines aufgeblasenen Größen-Selbst entgegengestellt. Narzisstische Menschen versuchen, sich ihre Mitmenschen zu unterwerfen und sich die gesamte übrige Realität so zurechtzubiegen, dass sie zu dem grandiosen Selbstbild passt.[178] Die Besinnung auf die empathischen Angebote der Natur könnte jedem Menschen helfen, den Irrgarten der drei genannten Reaktionsweisen zu verlassen.

Das tiefste für den Menschen erlebbare Glück ist, so sein zu dürfen, wie man ist, und zu erleben, dass man »gut genug« ist. Dieses Glück widerfährt uns nicht nur dann, wenn wir mit anderen Menschen in Beziehung sind, wenn wir uns angenommen fühlen und von Wohlwollen und Empathie begleitet werden,[179] sondern auch dann, wenn wir eindrucksvolle, berührende Naturerfahrungen machen,[180] wenn wir in einem alten Wald wandern, im Feld blühende Obstbäume bewundern, einen glitzernden See oder das Meer vor uns sehen oder uns in die Welt der Berge begeben. Zwischenmenschliche Zuwendung und soziale Verbundenheit schützen die seelische und körperliche Gesundheit.[181] Das Gleiche tut aber auch das Erleben der Natur.[182] Nicht nur gute Erfahrungen, die wir mit anderen Menschen machen, fördern Glück, Menschenfreundlichkeit und prosoziales Verhalten,[183] das Gleiche vermag uns, wie bereits erwähnt, auch die Natur zu bieten.[184] Die Sphäre des Menschen und die Natur stehen in einer Beziehung, beide sind sich in einer seit Urzeiten gewachsenen empathischen Weise verbunden.

Jeder einzelne Mensch kann der Natur – und damit zugleich seiner eigenen psychischen und körperlichen Gesundheit – wertvolle Dienste erweisen: die Ernährung umstellen, das Mobilitätsverhalten ändern und Müll vermeiden. Die Dringlichkeit der Ernährungsumstellung ergibt sich aus der rasend voranschreitenden Vernichtung der großen Wälder dieser Erde, die ihren Hauptgrund in der Erschließung landwirtschaftlicher Flächen zum Zwecke der Fleischproduktion hat. Was wir hier, jetzt und sofort tun können und tun sollten, ist der hedonische – also der nicht in Leidenspose, sondern aus Überzeugung und Liebe zur Natur vorgenommene – komplette Verzicht auf Fleisch. Ein weiterer guter Dienst an der Umwelt besteht darin, soweit als möglich Flugreisen zu reduzieren und vom Kraftfahrzeug auf öffentliche Verkehrsmittel und das Fahrrad umzusteigen. Ein dritter guter Dienst betrifft unseren Umgang mit Müll. Wir tun der Natur Gutes, wenn wir darauf achten, weniger Lebensmittel verkommen zu lassen und wegzuwerfen, und wenn wir Verpackungen, vor allem Plastik, vermeiden und grundsätzlich alle Produkte unseres Alltags, insbesondere auch digitale Geräte, bestmöglich recyceln.

Die Umstellung unserer Lebensweise erfordert einen, wie ich es nennen möchte, »hedonischen Verzicht«. Dass der Appell an eine umwelt- und klimafreundliche Lebensweise mit einem freudloseren Leben gleichzusetzen sei, ist Teil einer vonseiten der Industrie verfochtenen Propaganda. Der Versuch industrieller Hersteller von Lebensmitteln und Konsumgütern, eine gesunde und ökologisch vernünftige Lebensweise wahrheitswidrig als Leidensweg darzustellen, entspringt selbstverständlich nicht der Sorge der Produzenten und Händler um das Lebensglück ihrer Konsumenten. Die gegen ökologische Argumente geführten Kampagnen sind einzig und alleine von den wirtschaftlichen Interessen derer motiviert, die ungesunde und umweltschädliche Produkte herstellen und in den Handel bringen. Für sich und andere gesund zu kochen und sich zu Fuß oder mit dem Fahrrad zu bewegen, spendet Lebensfreude und Gesundheit in einem. Sich mit öffentlichen Verkehrsmitteln zu bewegen, anstatt mit einem Kraftfahrzeug zu fahren oder zu fliegen, ist ein Beitrag zu einem gesünderen, bewussten und sinnvollen Leben. Er stärkt das innere »Selbst«.

Das »Selbst« des modernen Menschen sieht sich zahlreichen Anfeindungen ausgesetzt. Ein Grundübel heute ist ein »Zuviel« von fast allem. Eine sehr große Zahl von Menschen in den westlichen Ländern lebt über alle Schichten hinweg, also unabhängig vom Sozialstatus, in einem Zustand der Überfütterung. Dieses »Zuviel« betrifft nicht nur das Essen selbst (tatsächlich ist mehr als die Hälfte der deutschen Bevölkerung übergewichtig; in den USA und Großbritannien sind die Prozentsätze sogar noch höher). Die Überfütterung betrifft vor allem auch das, was wir über die digitalen Endgeräte konsumieren. Quellen dieser medialen Dauerfütterung (die an Massentierhaltung erinnert) sind die sozialen Netzwerke mitsamt ihren Feeds (!), Nachrichtenportale, personalisierte Werbung, Websites von Produktanbietern, politische Propaganda, Serienportale, pornografisches und Gewalt verherrlichendes Material und nicht zuletzt das gute alte Fernsehen.[185]

Schlechte Ernährung und die digitalen Angebote haben immer mehr Menschen zu Süchtigen gemacht. Mit der Überfütterung einher gehen Fremdsteuerung, Infantilisierung und eine Entleerung des »Selbst«.[186] Innere Leere und der Versuch, diese mit den genannten ungeeigneten Mitteln zu füllen, bilden einen Teufelskreis. »Kein Objekt kann die Leere eines Subjekts ausfüllen.«[187] Sozialpolitische Erklärungsversuche reichen hier nicht aus. Sie können sogar Teil des Problems sein, nämlich dann, wenn sie den Betroffenen einen Opferstatus zuweisen.[188] Was aus der entmündigenden Überfütterung heraushelfen kann, sind eine innere Auflehnung, ein Protest gegen das »Zuviel« und ein entschlossenes Bekenntnis zu Selbstbestimmung sowie die Übernahme von Verantwortung für das eigene Leben und die Natur.

Von der Ich- zur Wir-Perspektive: Mit Immanuel Kant auf dem Weg zu einer ökologischen Ethik

Die Lebensweise des Einzelnen ist, soweit sie sich auf die globale Ökologie auswirkt, für die Menschheit als Ganzes von Belang. Wenn sie, wie inzwischen feststeht, Folgen für das Geschick der gesamten Menschheit haben, dann fallen ökologisch relevante Aspekte der Lebensführung in den Gültigkeitsbereich eines Satzes, den wir Immanuel Kant, einem der Fixsterne am Himmel der Philosophie, verdanken: »Handle nur nach derjenigen Maxime, durch die du zugleich wollen kannst, dass sie ein allgemeines Gesetz werde.«[189] Obwohl er aus guten Gründen die Auffassung vertrat, dass die Welt der Gefühle keine Quelle von Moralität sei, war Immanuel Kant sehr wohl der Meinung, dass – umgekehrt – vernünftiges, seinem kategorischen Imperativ folgendes Handeln »wahre Zufriedenheit«, ein »moralisches Gefühl«, ja sogar »ein Gefühl der Lust oder des Wohlgefallens« auszulösen in der Lage sei.[190] Moralisches Handeln im Sinne Kants bedeutet, mit Rücksicht auf die menschliche Gemeinschaft und im Sinne ihres Wohlergehens zu handeln. Kants Annahme, dass dies die Lebenszufriedenheit und das persönliche Glück vermehre, deckt sich mit empirischen Befunden der modernen sozialen Neurowissenschaften. Dies zeigt ein weiteres Mal, dass die Annahme, eine ökologische Lebensführung sei eine traurige Angelegenheit, irreführend ist. In Immanuel Kant hat der von mir oben formulierte »hedonische Verzicht« seinen prominentesten Gewährsmann.

Fragen einer »ökologischen Ethik« haben inzwischen eine längere Geschichte, bei der auch der bereits erwähnte Philosoph Arne Næss,[191] Begründer der sogenannten Deep Ecology, eine wichtige Rolle spielt.[192] Ich kann die vielen wichtigen Beiträge auf diesem Gebiet hier nicht ausbreiten, sondern beschränke mich darauf, den moralischen Anspruch zu rechtfertigen, den junge Menschen mit der ökologischen Frage verbinden, wie dies insbesondere im Falle der Fridays-for-Future-Bewegung der Fall ist. Ökologische Anliegen sind per definitionem Anliegen der Menschheit als Ganzes. Sie konkret vor Ort durchzusetzen erfordert den Zusammenschluss zu solidarischen Gemeinschaften. Moralische Appelle, auch wenn sie die Ökologie betreffen, sind zwar kein Allheilmittel.[193] Die Einbeziehung moralischer Aspekte kann einer gut vorgetragenen Argumentation allerdings zusätzliche Kraft verleihen.[194] Besonders bedeutsam für die Mobilisierung von Unentschlossenen ist das Verhalten wichtiger Bezugspersonen, das offenbar die Bedeutung eines (impliziten) moralischen Bezugspunkts einnehmen kann.[195] Moralpredigten entfalten, wie jeder aus eigener Erfahrung weiß, meistens keine Wirkung, wenn es gilt, das Verhalten anderer Menschen zum Guten zu verändern. Als tatsächlich wirksam hat sich jedoch erwiesen, Menschen, die sich vor die Entscheidung in einer aktuell anstehenden Frage gestellt sehen, zunächst über ihre tiefsten moralischen Grundüberzeugungen reflektieren zu lassen – unabhängig von der anstehenden Entscheidung. Tatsächlich ist eine solche Reflexion vorab erwiesenermaßen in der Lage, einer Verhaltensänderung den Weg zu bahnen.[196]

Die Welt in einem Boot: Auf dem Weg zu einer globalen ökologischen Identität

In den entwickelten Ländern eine Kraft zu erzeugen, die eine ökologische Wende einleiten kann, erfordert ein breites gesellschaftliches Bündnis. Menschen in modernen Gesellschaften sind mit sehr verschiedenen Anliegen unterwegs, die zum überwiegenden Teil berechtigt, zumindest nachvollziehbar sind, naturgemäß aber auch in Konflikt miteinander stehen können. Jedes gemeinschaftliche Engagement, ganz besonders aber der gemeinsame Kampf für ein spezifisches Anliegen, erzeugt (siehe Kapitel 1 und 4) eine »Social Identity« (was im Deutschen bedeutungsgleich als kollektive Identität, Gruppenidentität oder Gemeinschaftsidentität bezeichnet wird). Kollektive Identitäten sind soziale Konstruktionen, können sich also wandeln. Sie sind jedoch ein zweischneidiges Schwert. Einerseits sind sie eine unvermeidliche Ergänzung der jeweils individuellen Identität eines Menschen.[197] Sie geben den in einer Identität vereinten Menschen, vor allem in Zeiten der Not, in Krisen oder Katastrophensituationen, ein Gefühl der Zugehörigkeit und Sicherheit.[198] Andrerseits bergen kollektive Identitäten die Gefahr, dass Menschen sich gegenseitig nicht mehr als menschliche Individuen wahrnehmen, sondern andere Menschen (und sich selbst gleich mit) kategorisieren, also »in eine Schublade stecken«.[199] Andere Menschen nur aufgrund ihrer kollektiven Identität wahrzunehmen kann einerseits zu – allerdings oft auch fragwürdigen – Freundschaften oder Bündnissen, andererseits aber auch zu Feindschaften und Hass führen.

Konflikte zwischen Menschen unterschiedlicher Gruppenidentitäten können eskalieren und in wechselseitige Dehumanisierung ausarten.[200]

Bei den intellektuellen Eliten stehen Gruppenidentitäten nicht hoch im Kurs. Wem das Privileg einer guten Ausbildung vergönnt war, wer einen qualifizierten Beruf ausübt, sich auf internationalem Parkett bewegen kann und kulturaffin orientiert ist, zählt – in den Worten des Soziologen Andreas Reckwitz – zur »Gesellschaft der Singularitäten«, die einem radikalen Individualismus huldigt.[201] Den Bildungseliten steht in den westlichen Ländern allerdings eine Mehrheit der Bevölkerung gegenüber, der Gruppenidentitäten viel bedeuten.[202] Kollektive Identitäten können sich für nicht zur Elite zählende, »normale« Menschen aufgrund von traditionellen Zugehörigkeiten ergeben (zum Beispiel durch die Zugehörigkeit zu einer Schule, einem Betrieb, einer Kirchengemeinde oder Dorfeinwohnerschaft, zur Fangemeinde eines Fußballclubs, zu einem Verein oder Partei und Ähnliches). Eine Gruppenidentität kann sich aber auch aus der Zugehörigkeit zu einer gesellschaftlich benachteiligten, bedrohten oder sich bedroht fühlenden Gruppe ergeben (etwa zu einer ethnischen Minderheit, aus dem Status als Migrant oder durch die Zugehörigkeit zu einer angefeindeten Religion). Ohne eine als hinreichend tragfähig erlebte soziale Identität fühlen sich nicht zur Elite zählende Menschen in unseren heutigen anonymen Gesellschaften wie in einem Niemandsland. Sie werden dann anfällig für die Angebote »identitärer«, meistens aus dem politisch rechten Spektrum stammender Gruppen, die sich Heimatverbundenheit, Vaterlandsliebe und nationalistisches oder rassistisches Gedankengut auf die Fahnen geschrieben haben. Hier schließt sich dann oft der Kreis zu den bereits erwähnten narzisstischen Gruppen (Kapitel 1) oder »Affektgruppen« (Kapitel 4).[203]

Gruppenzugehörigkeit ist ein menschliches Grundbedürfnis. Gruppen, die sich eine Identität teilen, dienen denen, die zu ihr gehören, als empathische Intensivstationen. Kollektive Identitäten sind also natürliche Tatsachen, sie helfen dem Menschen, mit den Schwierigkeiten des Lebens zurechtzukommen, sie gehören zum anthropologischen Inventar und sind Teil der Conditio humana.[204]

Keineswegs natürlich begründet, sondern sozial konstruiert sind jedoch die Inhalte, für die sie stehen. Kollektive Identitäten als solche abschaffen zu wollen, sei es, weil einen deren Inhalte stören oder weil man der Hoffnung ist, dann alle Menschen durch eine Art identitätsfreies Weltbürgertum vereinen zu können, ist ein wenig aussichtsreiches (und im Übrigen auch kein neues) Unterfangen. Interessanterweise zeigen Untersuchungen, dass einem wohlmeinenden humanistischen Universalismus verpflichtete Versuche, kollektive Identitäten zugunsten einer übergeordneten »identitätsfreien Identität« (nach dem Motto »Wir sind doch schließlich alle Menschen!«) aufzulösen, ausgerechnet bei denen auf wenig Gegenliebe stoßen, die als gesellschaftlich Benachteiligte in spezifischen kollektiven Identitäten versammelt sind und denen man eigentlich Gutes tun wollte.[205] Der Grund ist, dass ein solches Ansinnen von denen, die auf diese Weise in guter Absicht von Diskriminierung befreit werden sollen, als ein herablassender Versuch empfunden wird, ihre Diskriminierung zu übertünchen und tatsächliche soziale Verbesserungen durch schöne Worte zu ersetzen.

»Duale Identität« (Dual Identity): Weltbürger und zugleich im sozialen Nah-Raum zugehörig sein

Wie kann in einer in unterschiedliche kollektive Identitäten gegliederten Gesellschaft der Weg zu einem gesamtgesellschaftlichen Bündnis für den ökologischen Wandel aussehen? Die Lösung ist eine »duale Gruppenidentität«.[206] Gemeinschaftsidentität kann auf zwei Ebenen angesiedelt sein, auf einer regionalen, »proximalen« Ebene[207] und auf einer übergeordneten, globalen Ebene, die man als »distal«[208] bezeichnen könnte. Die untere Ebene, also die »proximale Gruppenidentität«, besteht darin, sich in einer konkreten Weise kulturell, gesellschaftlich, politisch oder spirituell zu identifizieren oder zu engagieren. Die meisten Menschen nennen mehr als nur *eine* proximale Gruppenidentität ihr Eigen. Die obere Ebene würde eine übergeordnete globale Identität betreffen.

Kennzeichen einer globalen Identität ist, dass sie an die Verbundenheit *aller* Menschen, also an das gemeinsame Schicksal der Menschheit appelliert. Menschen, die dem ökologischen Wandel das dringend benötigte Momentum verleihen wollen, sollten den Zugang zu möglichst vielen Gruppen suchen (und finden), die eine »proximale Gruppenidentität«

verbindet, um sie für eine zweite übergeordnete Identität zu gewinnen, die der ökologischen Wende verpflichtet ist. Das Ziel muss sein, den ökologischen Diskurs und den Gedanken der Empathie gegenüber der Welt der Natur in alle Gruppen der Gesellschaft hineinzutragen. Dabei sollten wir auch solche Gruppen nicht aussparen, die eine Affinität zum traditionellen oder konservativen Gedankengut der Natur- und Heimatliebe haben.[209] Ich halte es für einen Fehler, wenn wir diese Menschen rechten politischen Gruppen überlassen, anstatt sie für eine heimatverbundene, dabei aber nicht nationalistische, nicht rassistische, sondern multiethnische Form der Naturliebe zu gewinnen, die sich in Übereinstimmung mit Immanuel Kants Universalismus befände.[210]

Wenn man dem Konzept der dualen Gruppenidentität folgt, wären im Selbstgefühl eines jeden Menschen drei Identitäten verankert: *erstens* eine facettenreiche persönliche Identität, *zweitens* eine (oder mehrere) »proximale Gruppenidentität(en)« im sozialen Nah-Raum und *drittens* eine (oder mehrere) »übergeordnete, distale Identität(en)« als Weltbürger. Das Wesen einer übergeordneten Identität wäre, dass 1sie im Sinne einer Einladung oder eines Angebots allen Menschen dieser Erde einen Raum bieten müsste, ohne ihnen 1Gewalt anzutun. Übergeordnete, einem globalen, die Menschheit umspannenden Ziel verpflichtete Identitäten (zum Beispiel eine humanistische, ökologische oder spirituelle Identität) können nebeneinander Platz haben, sie können und müssen Bündnispartner sein.[211] Den Kern einer globalen ökologischen Identität bildet die Perspektive einer durch den Klimawandel existenziell bedrohten und zu gemeinsamem

Handeln aufgeforderten Menschheit. Alle, die bereit sind, sich zu einer solchen globalen ökologischen Identität zu bekennen, sind nicht nur aufgerufen, sich für globale Gerechtigkeit und die faire Verteilung des Zugangs zu globalen Ressourcen einzusetzen, sondern auch ganz persönlich damit zu beginnen, die im dritten Kapitel genannten Beiträge zu leisten (Ernährungsgewohnheiten, Mobilitätsverhalten und Vermeidung von und Umgang mit Müll).

Verhaltensänderungen auf der individuellen Ebene haben zwar eine enorme steuernde Wirkung, reichen alleine aber nicht aus. Politische Weichenstellungen, meist hart erkämpft, müssen hinzukommen (siehe dazu unten). Wenn eine globale ökologische Identität aber Raum greifen soll, müssen diejenigen, die sie vertreten, auch ganz persönlich Vorbild sein. Dies aber weder als dem freudvollen Leben entsagende ephemere Hungergestalten noch als nervig belehrende Pharisäer. Davor bewahren kann uns unter anderem die Pflege eines reichhaltigen kulturellen Lebens.

Entwicklungsraum für Menschlichkeit und Empathie: Die Welt der Kultur(en)

Wirklich berührt wird der Mensch nur von etwas, zu dem er in *Resonanz* kommen kann, von etwas, mit dem er in *Beziehung* steht, von etwas, das er *fühlt*. Daher wird der Appell zur ökologischen Wende, wenn er sich in einer repetitiven Belehrung über die – ohne jede Frage katastrophalen – Zahlen über den ökologischen Absturz unseres Planeten erschöpft, keinen Elan erzeugen. Die Reaktionsträgheit, die wir seit Jahren beobachten (und die Greta Thunberg und die Ihren mit Recht so wütend macht), hat ihren Grund in der zivilisatorischen Entfremdung des Menschen von seinen Gefühlen, von der Verbundenheit mit seinen Mitmenschen und von der Empathie mit der Welt der Natur. Nicht nur Ressourcen und Produkte, unser gesamtes Leben wurde, wie die renommierte Philosophin Martha Nussbaum es ausdrückte,[212] dem ökonomischen Kalkül unterworfen. Weil alles nur noch berechnenden Kosten-Nutzen-Kalkülen unterworfen ist, hat sich dem auch die Selbst- und Fremdwahrnehmung des Menschen angepasst.

Zu bewerten und bewertet zu werden hat sich zu einer zivilisatorischen Obsession entwickelt, von der Erziehung bis zur Arbeitswelt, vom Small Talk bis zu den Foren des Internets. Die Folgen sind ein schlechtes Lebensgefühl, Angst, Zynismus, Depression und Störungen der seelischen und körperlichen Gesundheit. Ohne es zu wollen, haben wir die Klimadebatte mit einem gefühllosen Modus der Kommunikation infiziert. Wie soll sich vor einem derartigen Hintergrund ein von Empathie und Liebe zur Welt der Natur getragenes Momentum entwickeln?

Der Gegenentwurf zu einer Welt, in der Menschen zu Objekten gemacht, bewertet und manipuliert werden, ist die Welt der Kultur.[213] Was die kulturellen Möglichkeiten eines Landes ausmacht, sind Feiern, alle Formen von Musik, Sport, Tanz, Theater, Kino, Oper, Museen und Ausstellungen und sicher noch manch anderes. Zur Kultur zählen auch die Kochkunst und – nicht zu vergessen – die Bildungseinrichtungen eines Landes. Die Kultur macht den Menschen zum Subjekt, sie lässt ihn sein, wie er oder sie ist. Sie gibt ihm die Möglichkeit, seinem Denken (oder Mit-Denken), seinem Fühlen (oder Mit-Fühlen), seiner Phantasie, auch durch sein Tun (im Sinne von Mit-Machen) Ausdruck zu verleihen. Es ist die Kultur, die den durch zivilisatorischen Stress entleerten Innenraum des Menschen füllen kann. Wenn die innere Leere des Subjekts, wie es der bereits zitierte Daniele Giglioli so genial ausdrückte,[214] durch kein Objekt gefüllt werden kann: Kultur kann es! Sie ist die Ressource, sie ist der Stoff, aus dem gemacht wird, was wir »Selbst« und »Identität« nennen. Kultur bringt Menschen physisch zusammen, sie lässt den Menschen auch dann Gemeinschaft fühlen, wenn er ganz für sich alleine Kunstprodukte genießt, zum Beispiel eine Höraufnahme hört oder eine Videoaufzeichnung oder ein Gemälde in einem Museum betrachtet.

Angesichts der Bedeutung, die der Kultur für jedes menschliche Zusammenleben zukommt, ist es erstaunlich, dass sie kein expliziter Teil der Konzepte ist, welche uns die derzeit maßgeblichen Denker unseres Landes zur Zukunft unserer westlichen Gesellschaften entwerfen.[215] Dass unsere modernen Gesellschaften qualifizierte kulturelle Angebote fast nur für jene urbanen, international orientierten Eliten (für die »neue Mittelklasse«) bereithalten, die zur »Gesellschaft der Singularitäten« zählen, wirft die Frage auf,[216] welche Möglichkeiten der kulturellen Selbstverwirklichung wir für die Mehrheit der Menschen vorsehen, also für die »alte Mittelklasse« und für die zur prekären Schicht gehörenden Menschen. Sie dem Internet und den toxischen »Kultur«-Angeboten beziehungsweise Ideologien der politischen Rechten zu überlassen kann wohl kaum die Lösung sein.

Zwar ist dem Votum für einen moralischen Universalismus, der anerkennt und durchsetzt, dass alle Menschen eine gleiche Würde und gleiche Rechte haben, und der die ökologische Bewahrung des Globus zu einer Frage der Moral erhebt, uneingeschränkt zuzustimmen.[217] Der psychische, kognitive und emotionale Nährwert einer universalistischen Moral, sosehr ich ihr auch zustimme, ist für den menschlichen Alltag jedoch begrenzt. Der Ursprung aller Moral ist die – durch die Vernunft veredelte – biologisch begründete Gemeinschaftsorientierung des Menschen. Die Kulturvergessenheit mancher Zeitgenossen setzt in der Art, wie der politische und ökologische Diskurs dieser Tage geführt wird, die Vernachlässigung des Kulturellen fort, an dem unsere Gesellschaft krankt. Dringend vonnöten sind vor allem Ideen dazu, wie wir ersetzen wollen, was in den letzten Jahrzehnten an der Basis an Strukturen kollabiert ist, die bildungsfernen Menschen kulturelle Partizipation ermöglichten.

Zugang zu kulturellen Angeboten zu haben und sie dann auch zu nutzen vermindert den subjektiv erlebten Stress, erhöht die Lebenszufriedenheit und das Selbstwertgefühl.[218] Der Kulturwissenschaftler Hartmut Schröder spricht gar von einer »Kulturheilkunde« und weiß Immanuel Kant dabei auf seiner Seite.[219] Kulturereignisse lassen den Menschen fühlen, was andere fühlen; sie stärken die Empathie und den zwischenmenschlichen Zusammenhalt.[220] Indem sie die Entfaltung von Empathie begünstigen, stärken sie auch die Fähigkeit zu fühlen, was die Welt fühlt. Wie kommt es, dass viele Menschen es als das Maximum von Kulturgenuss erleben, wenn Theateraufführungen oder Konzerte im Freien stattfinden? Man erinnere sich an Woodstock, Klassik- und Popkonzerte im Central Park, in der Berliner Waldbühne oder an Events an vielen anderen Orten der Erde. Die ersten kulturellen Feste, die Menschen gefeiert haben, waren Feste in der Natur, mit der Natur und für die Natur.[221] Über die Gründe, warum die am Abgrund stehende Natur und die Gefühle, die wir dabei empfinden, im Bereich der zeitgenössischen Kultur, der Musik, im Theater, in Gedichten oder Romanen unserer Tage kaum vorkommen, kann man nur spekulieren.[222] Die Folgen dieser Abspaltung des Emotionalen sind aber klar: Wir haben keinen ökologischen Elan, kein Momentum. Auch ohne spezifisch ökologische Inhalte ist allerdings jede Art der Förderung von Kultur – auch aus Sicht der Philosophin Martha Nussbaum – ein Beitrag zu dem Bemühen, die Empathie nicht nur gegenüber unseren Mitmenschen, sondern auch gegenüber der Natur zu stärken.[223]

Die Bedeutung der Erziehung für die ökologische Wende

Kinder und Jugendliche sind für die Liebe zur Natur und die Bereitschaft zu fühlen, was die Welt fühlt, besonders empfänglich. Die Fähigkeit zur Empathie, zur Einnahme der Perspektive ihrer Mitmenschen, zur sozialen Rücksichtnahme und zur dafür notwendigen Regulation eigener Emotionen müssen Kinder und Jugendliche erwerben. Dies gelingt nur, wenn belastbare, verlässliche Beziehungen ihnen ein Grundgefühl vermitteln, dass die Welt ein sicherer Ort ist und dass sie selbst Wesen sind, denen eine Würde und ein Wert zukommen.[224] Die entscheidende qualitative Voraussetzung der Einrichtungen, in denen Kinder und Jugendliche heute aufwachsen, ist die Beziehungsorientierung, das heißt die physische Präsenz gut ausgebildeter Begleiterinnen und Begleiter, die beides bieten können: die Bereitschaft, sich von jungen Menschen in Resonanz versetzen zu lassen und sich auf diese Weise in sie einzufühlen (also Empathie zu zeigen), und die Fähigkeit, in Kindern und Jugendlichen ihrerseits Resonanz auszulösen (was bedeutet, über Ausstrahlung zu verfügen).

Sozialität, Kulturalität und die Liebe zur Natur stehen in einem wechselseitigen Verhältnis. Wenn kleinen Kindern keine Traumatisierungen zugefügt wurden, haben sie nicht nur eine natürliche Freude an der Gemeinschaft und an kulturellen Aktivitäten (am gemeinsamen Singen, Musizieren, Sich-Bewegen, Spielen, Basteln und Malen), sondern ganz besonders an der Begegnung mit der Natur. Auch in Schulen herrscht bei Angeboten im Bereich Sport, Musik, Literatur, Theater, Philosophie, also bei alldem, was als »ästhetische Erziehung« bezeichnet wird, ein krasser Mangel. Unsere Kultusbürokratien müssen besser verstehen, dass die sozialemotionale Förderung von Kindern und Jugendlichen der einzig erfolgversprechende Weg ist, sie auch intellektuell voranzubringen.[225]

Sozialität, Kulturalität und die Liebe zur Natur können sich einerseits gegenseitig fördern,[226] andererseits wird der

Mangel *einer* Komponente eine Verminderung oder Störung in den beiden *anderen* nach sich ziehen. Daher sollten wir noch besser dafür sorgen, dass junge Menschen in den Soziotopen, in denen sie die entscheidenden Kinder- und Jugendjahre verbringen (Familie, Kitas und Schulen), auf allen drei Gebieten gefördert werden. Ein nicht geringer Teil unserer Kinder erlebt hier gravierende Mängel und zeigt die zu erwartenden Störungen.[227] Das kann seine Ursache in elterlichem Stress,[228] in der unzureichenden Ausstattung unserer pädagogischen Einrichtungen oder in der bereits angesprochenen problematischen Rolle des Internets haben. Besonders besorgniserregend sind Hinweise auf eine Abnahme der Empathie-Fähigkeit in den letzten drei Jahrzehnten.[229] Dieser negativen Entwicklung lässt sich etwas entgegensetzen.

Wie Untersuchungen zeigen, lassen sich junge Menschen schon im Kindergartenalter im Rahmen von Exkursionen für ein empathisches Verhalten gegenüber der Natur gewinnen.[230] Gut vorbereitete, spannend gestaltete Ausflüge in die Wildnis, auf denen Kindern und Jugendlichen erklärt wird, wie Pflanzen und Tiere leben, welche Bedürfnisse sie haben, wie sie sich verhalten und wie die Kreisläufe des Lebens ineinandergreifen, lassen nicht nur eine Liebe zur Natur aufkeimen, sondern stärken auch die untereinander gezeigte Empathie, Prosozialität und Kooperationsbereitschaft. In unseren Schulen sollte die Wissenschaft von der Erde als Ganzes, die sogenannte Earth System Science,[231] daher integraler Bestandteil im Unterrichtskanon sein (durch die Verbindung von Fächern wie Biologie, Erdkunde, Physik und Chemie, aber auch Geschichte und Ethik). Ein solcher Unterricht in Earth System

Science sollte mit Exkursionen an Orte verbunden sein, an denen sich die natürliche Schönheit und die ökologischen Bedrohungen konkret zeigen.

Ein extrem wertvoller Beitrag zur Herbeiführung einer ökologischen Wende könnte ein attraktiv ausgestaltetes, verpflichtendes Gemeinschaftsjahr sein. Ein solches Jahr sollte jungen Menschen die Auswahl lassen, sich in ökologischen oder sozialen Projekten oder im Zivilschutz zu engagieren. Wie ich bereits im ersten Kapitel ausführte, steht jedes gemeinschaftsdienliche Aktivsein, gleich welcher Art, im Dienst der Empathie-Entwicklung. Wenn wir der Idee, Jugendliche bereits mit 16 Jahren wählen zu lassen, tatsächlich nähertreten sollten, dann könnte dies – im Sinne eines fairen Gebens und Nehmens – mit der Einführung eines verpflichtenden Gemeinschaftsjahres nach Abschluss der Schulzeit verbunden sein.

Von der ökologischen zur politischen Vernunft

Eine der Lehren aus der ökologischen Lage der Erde ist, dass wir eine ungeheure internationale Anstrengung unternehmen müssen, um die Rettung des Planeten ins Werk zu setzen. Die Ziele, zu denen der Weg der internationalen Gemeinschaft führen muss, finden sich in den Global Development Goals (GDG) der Vereinten Nationen.[232] Das vorzugsweise von Klimaleugnern an die Wand gemalte Schreckgespenst einer Ökodiktatur wird weder vorgeschlagen noch von irgendjemandem verfolgt.[233] Aufseiten der Wirtschaft wird die

Dringlichkeit der Situation nur von ihren fortschrittlichen Vertretern erkannt.[234] Um die Marktwirtschaft in Richtung ökologischer Werte umzuorientieren und eine an ökologischer und sozialer Nachhaltigkeit orientierte Politik durchzusetzen, bedarf es des massiven politischen Drucks von unten.

Um eine ökologische Katastrophe abzuwenden, müssen die wohlhabenden Länder die ärmeren unterstützen. Ein Modell dafür könnte der im Juli 2020 zwischen den Staaten der EU gefundene Kompromiss zur Bewältigung der Folgen der COVID-19-Pandemie werden. Wirtschaftlich unterschiedlich starke Länder beteiligen sich hier an einer gemeinsamen Kreditaufnahme und lassen die Gelder, dem Bedarf der Länder entsprechend, an die Teilnehmer zurückfließen, wobei wirtschaftlich schwächere Länder in einem relativ höheren Umfang profitieren als die stärkeren. Die in allen begünstigten Ländern angestoßenen Investitionen müssten allerdings ausschließlich der ökologischen Wende zugutekommen.

Die durch ökologische Wilderei seit Jahrzehnten angerichteten Schäden (siehe Kapitel 2 und 3) produzieren immense Kosten, die bisher fast ausschließlich von der öffentlichen Hand, also von den Steuerzahlern, beglichen werden. Der Erste, der den Widerspruch zwischen privaten Profiten und öffentlichen Kosten wirtschaftswissenschaftlich thematisiert hat, war der britische Ökonom Arthur Cecil Pigou (1877–1959). Er schlug vor, die Auslagerung von Produktionskosten, die auf der Schädigung der Umwelt beruhen (was er »Externality« nannte), durch eine Steuer (seither Pigou-Steuer genannt) auszugleichen. Die dem Pigou'schen Ansatz folgende

Bepreisung von Produkten entsprechend ihrer Umweltbelastung wird ein zunehmend wichtiges Steuerungsinstrument werden müssen.

An der Spitze der konkreten nationalen und internationalen Politikziele stehen die Zero-Carbon-Economy und die Reform der Landwirtschaft. Die Subventionierung fossiler Energien (wie zum Beispiel die Steuerbefreiung von Flugbenzin) sollte beendet werden. Der Ausstieg aus der Kohleindustrie sollte beschleunigt, die Erforschung und der Einsatz alternativer Energie (zum Beispiel Wasserstofftechnologien) vorangetrieben werden. Die Reform der Landwirtschaft muss zum Ziel haben, die ökologisch belastende Fleischproduktion zu reduzieren. Höfe und Betriebe, die Tiere züchten, sollten verpflichtet werden, eigene Futtermittel anzubauen, anstatt Soja[235] zu importieren, das seine Anpflanzung abgeholzten Regenwäldern verdankt. Die Fleischindustrie sollte einer strengen Regulation und Kontrolle unterworfen werden.[236] Im übrigen Bereich der Landwirtschaft muss der Einsatz von Pestiziden und Nitraten reduziert werden.

Die ökologische Agenda ist mit den beiden genannten Bereichen selbstverständlich nicht erschöpfend aufgelistet. Ein Lieferketten-Nachweis-Gesetz sollte sicherstellen, dass hiesigen Verbrauchern keine Billigprodukte angeboten werden, die unter Verletzung der Menschenrechte und der Natur in Drittländern hergestellt wurden. Zu prüfen wäre die Entwicklung einer sinnvollen Form der Pflicht zur Etikettierung von entsprechenden Produkten.[237] Bei der Vergabe öffentlicher Aufträge sollten ökologische Aspekte in die Ausschreibungskriterien mit aufgenommen werden (Beispiele: Verbot von nicht recycelbaren Verbundstoffen bei Bauvorhaben; ökologische Produkte für Kantinen; Berücksichtigung ökologischer Aspekte beim Einkauf von Uniformen etc.).

Dringend geboten ist schließlich auch eine Neuausrichtung der Stadtplanung. Öffentlichen Verkehrsmitteln und dem Fahrradverkehr ist Vorrang vor dem Autoverkehr einzuräumen. Kleingartenanlagen sollten neu gegründet beziehungsweise ausgebaut werden. Als Maßnahme gegen die schädlichen Folgen der Versiegelung von Böden, die in immer mehr Städten immer häufiger schwere Überschwemmungen nach sich zieht, müssen Möglichkeiten für das Versickern von Wasser geschaffen werden. Städtische Grünzonen müssen ausgeweitet werden.

Foren erster Wahl für die Durchsetzung dieser und weiterer Ziele sind dem Umweltschutz verpflichtete Nichtregierungsorganisationen (NGOs) und die Parteien. Hier sollten sich möglichst viele ökologisch engagierte Menschen einbringen. Die sozialen Medien sind überaus intransparente Bühnen, vor denen angesichts der manipulativen Einflussmöglichkeiten und wegen der dort stattfindenden Datenabschöpfung dringend gewarnt werden muss.[238] Analog stattfindende Versammlungen im Rahmen von demokratischen Parteien oder Organisationen, die nach geregelten demokratischen Pro zeduren arbeiten, sind derzeit durch nichts zu ersetzen. Deshalb müssen wir darauf achten, dass aus Gründen des Infektionsschutzes veranlasste Maßnahmen, welche die Bewegungsfreiheit und das Versammlungsrecht einschränken, bezüglich Umfang und Dauer auf das Allernötigste beschränkt bleiben.

Das evolutionäre Erfolgsgeheimnis unserer Spezies: Aufbruch, Optimismus und Empathie

Eine Lebensweise, welche die Grenzen der ökologischen Vernunft beachtet, bedeutet Gewinn, nicht Verlust. Persönliches Wohlergehen und das Schicksal unseres Planeten sind miteinander verknüpft. Gute Selbstfürsorge und Fürsorge für den Globus sind ein und dasselbe. Entfremdung von der Natur ist Selbst-Entfremdung. Wenn wir nicht fühlen, was die Welt fühlt, wenn wir unser Leben nicht ändern und den Klimawandel nicht stoppen, werden wir in naher Zukunft kein lebenswertes Leben mehr führen können. Der überversorgende Wohlstand, in dem wir derzeit noch leben, ist eine überaus gefährliche Droge: Bildlich gesprochen, sehe ich uns mit dem Handy in der Hand, mit unserer Aufmerksamkeit suchtartig an die digitalen Medien gefesselt, an einem reich gedeckten Esstisch verharren, während draußen der Waldbrand dabei ist, das Haus zu umzingeln – ein Szenario, das nicht nur als Metapher taugt, sondern tatsächlich, auch im Jahr 2020, viele Menschen schon das Leben gekostet hat. Damit eine Wirtschaftsweise, die den Globus an den Rand des Abgrunds geführt hat, ihr Treiben möglichst ungestört fortsetzen kann, sollen wir kaufen, essen und am Bildschirm die Realität vergessen, während draußen die Welt untergeht. »Hedonischer Verzicht« kann uns davon freimachen. Eine Sorglosigkeit, wie wir sie derzeit noch pflegen, hätte unsere evolutionären Vorfahren entsetzt.

Was ihm zum Überleben der Menschheit notwendig und daher moralisch geboten erscheint, kann der Mensch auch wollen. Über Zehntausende von Jahren hinweg war unsere Spezies, wenn es nötig war, immer wieder bereit und in der Lage, sich auf den Weg zu machen und sich auf neue Erfahrungen einzulassen, um ihr Überleben sicherzustellen. Das evolutionäre Erfolgsgeheimnis unserer Spezies ist die Fähigkeit zu Aufbruch, Optimismus, Intelligenz, sozialer Zusammenhalt und Empathie – gegenüber Artgenossen und Natur. Allein der Vorsatz, sich um eine empathische Grundhaltung zu bemühen, kann sich, wie neuere Studien zeigen (siehe Kapitel 1), positiv auf das eigene Verhalten auswirken. Es sich in einer Gefahrensituation erst einmal gemütlich zu machen und das Problem auszusitzen wäre unseren Vorfahren jedenfalls nicht in den Sinn gekommen. Wie ist es um uns bestellt?

Zusammenfassung

Wir sind aufgerufen, uns in unserer inneren Haltung und mit unserem Verhalten gegenüber der Natur neu aufzustellen. Die Natur ist für den Menschen nicht nur ein Lebensraum, sie kann ihm als eine gewaltige medizinische und soziale Ressource dienen. Menschliche Gesundheit, gutes menschliches Zusammenleben und die Bewahrung der Natur stehen in einem Dreiecksverhältnis der Gegenseitigkeit. Die Lebensweise jedes Einzelnen ist für die Menschheit als Ganzes von Belang. Daher fallen ökologisch relevante Aspekte der Lebensführung in den Gültigkeitsbereich des kategorischen Imperativs. Moralisches Handeln im Sinne Kants bedeutet, mit Rücksicht auf die menschliche Gemeinschaft und im Sinne ihres Wohlergehens zu handeln. Zur Umstellung der individuellen Lebensweise hinzukommen muss eine entschiedene Neuausrichtung der Politik. Wichtigste nationale und internationale Politikziele sind die Zero-Carbon-Economy und eine Reform der Landwirtschaft. Unsere Städte müssen naturfreundlicher gestaltet, Kleingartenanlagen sollten ausgebaut oder neu gegründet werden. Dem Zusammenhalt der Gesellschaft dienlich und ökologisch sinnvoll wäre die Einführung eines sozial-ökologischen Pflichtjahres, das jungen Menschen die Möglichkeit gibt, sich über alle sozialen Schichten hinweg gegenseitig besser kennenzulernen und sich mit sozialen und ökologischen Fragen zu befassen. Das von Klimaleugnern an die Wand gemalte Schreckgespenst einer Ökodiktatur steht nicht zur Debatte. Was uns leiten sollte, sind Vernunft und – da, wo sinnvoll – »hedonischer Verzicht«. Das Ziel ist gutes Leben für unsere und die nachfolgenden Generationen.

EPILOG – LEHREN AUS EINER KRISE

Die COVID-19-Epidemie der Jahre 2020/21 war ein Warnschuss der Natur in Richtung Mensch, dessen Botschaft gedeutet werden muss. Daraus können und müssen wir eine Reihe von Konsequenzen ziehen – nicht nur für die Gestaltung unserer Beziehung zur Natur, sondern auch für den Umgang mit künftig zu erwartenden Krisen. Zum Umgang mit Krisensituationen soll nachfolgend auf der Grundlage von aktuellen Forschungsergebnissen[239] eine wissenschaftliche Einschätzung gegeben werden. Vorangestellt sei, dass die COVID-19-Epidemie, obwohl sie unser Land unvorbereitet traf, nach meiner Einschätzung – sowohl vonseiten der deutschen Regierungsbehörden als auch der Bevölkerung – ausgesprochen gut gemanagt wurde. Wir hatten Glück, auch mit unserer Regierung. Dies bedeutet aber weder, dass sich eine nachträgliche, ohne Besserwisserei geübte Manöverkritik erübrigen würde, noch, dass wir für künftige Krisen nun gut gewappnet wären.

Nach Einschätzung aller Fachleute sind Epidemien wie die derzeitige die Folge eines immer aggressiveren Eindringens des Menschen in die Biotope der Tierwelt (siehe dazu Kapitel 2 und 3). Überall, wo der Zwischenraum zwischen menschlichen und tierischen Lebensbereichen vernichtet wird, steigt die Gefahr, dass im Tierreich heimische, für den Menschen pathogene Erreger auf den Menschen überwechseln.[240] Beispiele hierfür sind nicht nur Corona-, sondern auch Influenza- und einige weitere Viren. Auch wenn es uns gelingen sollte, das Abkippen unseres Planeten in die Unbewohnbarkeit zu verhindern, sind auf dem Weg dorthin weitere Krisen zu erwarten, die sich vor allem aus weiteren Infektionsereignissen (zum Beispiel aufgrund der Übertragung tropischer Erreger durch eingewanderte Mücken), durch extreme Wetterereignisse (schwere Stürme, Überschwemmungen) sowie durch schwere Unfälle (insbesondere Reaktorunfälle) ergeben können.[241] Ich möchte einige Gedanken darauf verwenden, ob wir für die kommenden Jahre ausreichend gewappnet sind. Diese Fragen politisch rechts stehenden Spinnern zu überlassen hielte ich für gefährlich.

Die Tatsache, dass sich zahlreiche Wissenschaftlerkollegen in den letzten Monaten Gedanken darüber gemacht haben, was die Wissenschaften zu der Frage beitragen können, wie sich große Krisen in komplexen modernen Gesellschaften bewältigen lassen und welche Aspekte dabei zu beachten sind,[242] hat mich veranlasst, meine Leserinnen und Leser an diesen Überlegungen teilhaben zu lassen.

Umfassend informieren, keine Panik herbeireden

Interdisziplinärer wissenschaftlicher Konsens ist, dass die Bevölkerung im Falle einer unmittelbar bevorstehenden oder bereits eingetretenen Gefahrensituation früh und umfassend informiert werden sollte (zur Frage, wer informiert, siehe unten unter »Gute Führung«). Gesagt werden sollte nicht nur, was man weiß, sondern auch, was man *nicht* weiß. Alle Informationen sollten primär die Gesundheit der Menschen zum Thema haben. Kosten-Nutzen-Aspekte sollten nicht thematisiert werden und möglichst auch keine Rolle spielen. Grundlage von Mitteilungen müssen wissenschaftlich gesicherte Erkenntnisse sein. Als »wissenschaftlich gesichert« kann angesehen werden, was unter wissenschaftlichen Experten durch einen breiten Konsens gedeckt ist (wissenschaftliche Erkenntnisse können sich im Verlauf einer Krise natürlich durch neue Einblicke in das Wesen der Gefahr ändern).

»Experten« sind nicht nur diejenigen, die Wissen über die materiellen Aspekte einer Gefahrenlage haben, sondern auch solche Wissenschaftler, welche die psychosozialen Aspekte eines Großereignisses einschätzen können. Dieser Aspekt kam im Verlauf der COVID-19-Epidemie, vor allem in der Anfangszeit, zu kurz. Mitteilungen an die Bevölkerung sollten mit Hinweisen verbunden sein, was konkret getan oder unterlassen werden sollte. Informationen über ein anstehendes oder bereits eingetretenes Geschehen zurückzuhalten leistet der Verbreitung von Spekulationen und Falschinformationen Vorschub und ist daher kontraproduktiv.

Die Annahme, man laufe durch eine offene Informationspolitik Gefahr, eine Panik auszulösen, ist nach heutigem Stand der Forschung falsch. Die wissenschaftliche Nachuntersuchung von Großereignissen der letzten Jahre zeigt, dass die große Mehrheit der Menschen in den westlichen Ländern in einer Gefahrenlage zusammensteht und spontane Hilfsbereitschaft zeigt. Nur eine Minderheit von etwa 15 Prozent zeigt ein Schockverhalten. Panik (impulsives, irrationales oder egoistisches Verhalten) ist selten, zieht aber die Aufmerksamkeit und leider auch die besondere Beachtung durch die Medien auf sich. Hamsterkäufe sind, obwohl sie teilweise eine Überreaktion darstellen, nach Meinung der Krisenforscher nicht als Panikverhalten zu bewerten, sondern entsprechen, zumindest in Teilen, einer nachvollziehbaren Handlungsweise. Als ausdrücklich kontraproduktiv angesehen wird in der Krisenforschung, wenn Medien, zum Beispiel wegen beobachteter Hamsterkäufe, von einer »Panik« in der Bevölkerung sprechen. Solche Meldungen können die Wirkung einer sich selbst erfüllenden Prophezeiung haben.

Etablierung von Gemeinschaft(en)

In einer Gefahrensituation, in der viele Menschen betroffen sind, wechselt das Erleben von Menschen spontan von der persönlichen zur kollektiven Identität. Menschen erleben sich nicht nur in ihrer individuellen, persönlichen, sondern (siehe Kapitel 1, 4 und 5) immer auch in einer sozialen Identität. Das Erleben einer sozialen Identität beruht auf dem neurobiologisch verankerten sozialen Zugehörigkeitsbedürfnis des Menschen.

Von zentraler Bedeutung, wenn eine große Gefahr auftritt, ist die explizite Benennung der Tatsache, dass die von einer Gefahr oder einem Unglück Betroffenen, zusammen mit der politischen Führung, eine Gemeinschaft bilden. Entscheidend ist, diese Betroffenengemeinschaft von Anfang an auch als Wertegemeinschaft zu definieren, die den menschlichen Grundwerten der Gleichheit, Gerechtigkeit und Solidarität verpflichtet ist. Diese überwölbende Identität sollte nicht in Konkurrenz zu bereits vorhandenen kollektiven Identitäten gesetzt werden, sondern sie wie unter einem gemeinsamen Dach vereinen. Sich in einer sozialen Identität verbunden fühlen zu können reduziert, gerade in Notlagen, Stress, stärkt das Zutrauen, dass die Krise bewältigt werden kann, und erhöht die Bereitschaft, die eigenen Kompetenzen im Sinne gegenseitiger Hilfeleistung einzubringen.[243]

Die Bereitschaft der Betroffenen, sich gegenseitig zu unterstützen und eventuell sogar Helfergruppen zu bilden, organisiert sich entlang bereits zuvor bestehender sozialer Zugehörigkeiten. Dies sollte von behördlicher Seite prinzipiell unterstützt werden. Viele in einer Gesellschaft bereits bestehende Zugehörigkeitskollektive haben Führungspersönlichkeiten oder Identifikationsfiguren. Diese sollten einbezogen, für die zur Gefahrenabwehr notwendigen Maßnahmen gewonnen und in der Kommunikation mit »ihren« Leuten als Mediatoren tätig werden.

Gute Führung und die Bedeutung von Identifikationsfiguren

Die Aufgabe der Information und der Veranlassung von Hilfe-, Vorsorge- und Rettungsmaßnahmen liegt natürlich in der Hand der zuständigen Regierungen und ihrer nachgeordneten Behörden. Von überragender Bedeutung ist, dass das Führungspersonal eines Landes bei einem großen Gefahrenereignis nicht konkurrierend, sondern als eine kooperierende Gruppe mit einer eigenen Gemeinschaftsidentität auftritt. Nur dann kann sie sich ihrerseits der betroffenen Bevölkerung glaubhaft als Teil einer kollektiven Schicksals- und Wertegemeinschaft aller Betroffenen anbieten. Nur wenn sich die Führungsebene intern weitestgehend einig ist, kann sie die Loyalität derer gewinnen, die geführt werden müssen (und geführt werden wollen).

Die Führungsebene muss sich zu den gemeinsamen Werten bekennen, die Grundlage des gesellschaftlichen Bündnisses sind, und auch danach handeln. Die Führungsebene sollte durch einige wenige Sprecherinnen oder Sprecher vertreten sein, deren persönliches Auftreten geeignet ist, die Menschen zu erreichen. Ihr Auftreten sollte Kompetenz und Zuversicht vermitteln, dass die Situation gemeistert werden kann. Als Grundlage und Ausweis ihrer Kompetenz muss ihnen die Beratung durch Expertengruppen dienen. Die Bevölkerung muss jedoch spüren, dass nicht die Experten, sondern die politische Führung das Heft in der Hand hat.[244] Die Ansprache der Bevölkerung sollte, gerade auch in der Art, wie die Dinge formuliert werden, das »Wir« und nicht das Individuum in den Mittelpunkt stellen.

Durchführung von Maßnahmen

Die in einer großen Gefahrensituation notwendigen Maßnahmen sind sehr unterschiedlicher Natur. Ein Unglück, bei dem Radioaktivität freigesetzt wurde, kann Dekontaminationsmaßnahmen erforderlich machen. Epidemien werden, wie im Falle der COVID-19-Pandemie, naturgemäß Hygienevorsorge- und Isolationsmaßnahmen nach sich ziehen. Auch Terroranschläge können Maßnahmen notwendig machen, die (zumindest zeitweise) in das Leben von Menschen eingreifen.

Die zum Schutz der Bevölkerung notwendigen Maßnahmen sind von Fall zu Fall verschieden, sie hängen nicht nur von der Art des Schadensereignisses ab, sondern auch von den vorhandenen personellen und materiellen Ressourcen (siehe dazu unten). Bedeutsam in allen Fällen ist, dass Eingriffe und Auflagen, die der Bevölkerung zugemutet werden müssen, mit Respekt vor der Würde der Betroffenen durchgeführt werden. Personen (Beamte in Gesundheitsbehörden, medizinisches Personal in Kliniken und Heimen, im Polizeidienst Tätige), die befugt sind, Anordnungen gegenüber der Bevölkerung durchzusetzen, sollten autoritäres Verhalten vermeiden. Rücksicht ist auch unbedingt auf ethnische Besonderheiten zu nehmen (zum Beispiel auf bestimmte Schamgefühle oder anderweitige kulturell bedingte Sensibilitäten).

Personelle und materielle Ressourcen

Obwohl wissenschaftliche Hinweise darauf vorlagen und bereits 2018 in wissenschaftlichen Journalen publiziert worden waren, dass uns eine Pandemie jener Art bevorstehe, wie sie dann auch eintrat, waren wir alle überrascht. Doch selbst dann, wenn einige Fachleute 2018 Alarm geschlagen hätten und die Bevorratung von Mund-Nasen-Masken, Schutzmänteln und

Desinfektionsmitteln angemahnt hätten, wären wohl viele von ihnen als Panikmacher bezeichnet und nicht ernst genommen worden.

Die Pandemie hat zwar nichts Gutes mit sich gebracht, sie hat uns aber eine nützliche Lehre erteilt und eine Erkenntnis vermittelt: Unsere westlichen Gesellschaften sind auf große Großgefahrenlagen weder personell noch materiell ausreichend vorbereitet. Der Wohlstand, der uns gegenüber der Naturzerstörung abgestumpft und unempathisch hat werden lassen, hat uns auch in anderen Belangen gefährlich eingeschläfert. Wir hatten mit dem CoV2-Virus, so gefährlich er ist, zugleich auch großes Glück. Was hätte uns bevorgestanden, wenn es sich um einen Virus gehandelt hätte, der nicht bei drei Prozent der Erkrankten, sondern bei 30 bis 90 Prozent zum Tode geführt hätte (wie im Falle des Ebolavirus)?

Der Mangel betrifft erstens entsprechend ausgebildetes medizinisches Personal. Was spricht dagegen, pensionierte Ärztinnen und Ärzte, ganz allgemein Mediziner in Positionen, in denen sie zeitweise abkömmlich sind, Medizinstudentinnen und Medizinstudenten jenseits des Physikums sowie nicht im Beruf tätiges Pflegepersonal regelmäßig an Kursen teilnehmen zu lassen, die sie in die Lage versetzen, im Falle einer Großgefahrenlage Hilfe zu leisten, und dies auch fair zu honorieren?

Als ein zweiter Mangel offenbarte sich das Fehlen von kurzfristig ausbaufähigen Klinikkapazitäten. Warum halten wir, zum Beispiel vor den Toren großer Städte, nicht Notfallkliniken vor, die in »guten Zeiten« stillgelegt sind, aber kurzfristig in Funktion gebracht werden können?

Ein dritter Mangel betrifft die fehlende Vorratshaltung von Material und Medikamenten. Entsprechende Lager könnten, angelehnt an die genannten Notfallkliniken, eingerichtet werden. Für die Medikamente wäre aufgrund der Verfallszeiten ein intelligentes System zu etablieren, welches bevorratete Mittel zur Verwendung rechtzeitig in die Apotheken und Kliniken einspeist.

Eine entscheidende Stärkung der personellen Ressourcen für Zeiten der Not wäre die von mir bereits vorgeschlagene Einführung eines attraktiv gestalteten, verpflichtenden Gemeinschaftsjahrs für junge Menschen nach Abschluss der Schulzeit. Ein solches Jahr sollte jungen Menschen ein ökologisches oder soziales Engagement oder eine Tätigkeit im Bereich des Zivilschutzes, zum Beispiel beim Technischen Hilfswerk, nahebringen.

Irrationale Nebengeräusche
(Verschwörungstheorien und anderes)

Jede Großgefahrenlage ist ein Nährboden für Menschen, die der Welt immer schon misstrauisch gegenüberstanden und dazu neigen, hinter jedem Missgeschick oder Unglück geheime Mächte am Werk zu sehen. Krankheiten, Seuchen und der Klimawandel sind weder eine Strafe Gottes noch das Werk böser Mächte, noch sind sie bösartige Erfindungen, um damit düstere Ziele verfolgen zu können. Menschen neigen dazu, hinter großen Ereignissen große Ursachen zu vermuten. Dies ist richtig und falsch zugleich. Falsch ist die Annahme, dass geheime böse Mächte im Spiel sind. Dafür gibt es beim CoV2-Virus genauso wenig Evidenzen wie im Falle der Malaria, der Tuberkulose oder der Pest. Richtig ist: Die eine große Ursache, mit der wir das Risiko weiterer Epidemien, die durch Keime aus dem Tierreich ausgelöst werden, erhöhen, ist die Zerstörung der natürlichen Rückzugsräume der Tierwelt.

Doch wir sind nicht machtlos. Das Arsenal der wissenschaftlichen Forschung und der modernen Medizin ist beachtlich. Die Wissenschaften sind ein Geschenk der Aufklärung, das dem Menschen, wie Immanuel Kant es formulierte, den Weg aus selbst verschuldeter Unmündigkeit gewiesen hat. Vor Zeitgenossen, die sich nach einer Rückkehr in die Unmündigkeit zu sehnen scheinen, die dem Despotismus, der Herrschaft starker Männer und dem Glauben an magische Kräfte anhängen, sollten wir uns hüten.

Was unseren evolutionären Vorfahren das Überleben ermöglichte, kann auch uns heute helfen: Vernunft und Empathie.

Dank

Mein herzlicher Dank gebührt Dr. Franziska Günther (Berlin), Moritz Volk (München) und Claus-Martin Carlsberg (München), die die Entstehung des Buches begleitet haben, sowie Dr. Peter Hammans und seiner Mitarbeiterin (München) für ihr Lektorat. Darüber hinaus besonderen Dank schulde ich Dr. Ute Scheub, Dr. Marion Benz, Dr. Hans-Georg Gebel, Dr. Christoph Zink, Dr. Louis Klein und Professor Hartmut Schröder (alle Berlin), Dr. Paul Grossman und Dr. Kurt Fritzsche (beide Freiburg), Dr. Winfrid Janisch (Mödling), Dr. Elmar Reuter (Olpe) sowie Professor Traugott Schächtele (Schwetzingen) und Professor Henrik Pfeiffer (Erlangen) für wertvolle Hinweise und Inspirationen. Der Großzügigkeit des australischen Klimaforschers Professor Will Steffen verdanke ich die Vorlagen für die Abbildung 1 und einen Gegencheck der von mir hinzugefügten Ergänzungen, auch dafür ganz herzlichen Dank! Ein Teil meines Autorenhonorars ging als Spenden an die »NaturFreunde Deutschlands«, an den »Bund Umwelt und Naturschutz« (BUND) und an das Referat Jugendarbeit des Österreichischen Alpenvereins.

Joachim Bauer

Anmerkungen

1 Die englische Sprache benutzt für das, was in der deutschen Sprache mit »Empathie« (im Sinne von Einfühlung, Mit-Fühlen) bezeichnet wird, das Wort »Sympathy«. Im Original lautet das Zitat: »Sympathies beyond the confines of man, that is, humanity to the lower animals, seems to be one of the latest moral acquisitions. … This virtue, one of the noblest with which man is endowed, seems to arise incidentally from our sympathies becoming more tender and more widely diffused, until they are extended to all sentient beings.« (Darwin, *The Descent of Man*, 1871)

2 Miralles et al. (2019)

3 Benz und Bauer (2015)

4 Untersuchungen zum empathischen Dreiecksverhältnis (Mensch-Mitmensch-Natur) finden sich bei Paul (2000), Tam (2013, 2015, 2019), Zhang et al. (2014), Piff et al. (2015), Stellar et al. (2017), Lumber et al. (2017), Anderson et al. (2018), Di Fabio und Kenny (2018), Puigdefabregas und Perez-Garcia (2019), Goldy und Piff (2020)

5 Holt-Lunstad et al. (2010, 2015), Cockerham et al. (2017), Cacioppo und Cacioppo (2018), Tomova et al. (2019), Haslam et al. (2019), Brooks et al. (2020)

6 Siehe nochmals Piff et al. (2015), Stellar et al. (2017), Lumber et al. (2017), Anderson et al. (2018), Goldy und Piff (2020)

7 Der Fachbegriff für dieses Maß lautet Herzraten-Variabilität (abgekürzt HRV). Eine verminderte HRV ist ein Risikofaktor für einen Herzinfarkt und den Herztod.

8 Bauer: Warum ich fühle, was du fühlst (2006); de Waal und Preston (2017)

9 Möglicherweise eine Ausnahme von dieser Regel war der Untergang der minoischen Kultur auf der Insel Kreta, der vermutlich durch einen Tsunami im Gefolge des Ausbruchs des Vulkans Thera (Santorin) verursacht war.

10 Steffen et al. (2020)

11 Afelt et al. (2018)

12 Dazu passend finden sich in den Spitzen der Finanzwirtschaft, wo entscheidende Weichen für die ökologische Zerstörung der Erde gestellt wurden und werden, offenbar zunehmend Persönlichkeiten, denen die Empathie abhandengekommen ist (Ten Brinke et al., 2018).

13 Steffen (2015, 2020)

14 Siehe Bauer: Das Gedächtnis des Körpers (2002/2013); Warum ich fühle, was du fühlst (2005/2006); Prinzip Menschlichkeit – Warum wir von Natur aus kooperieren (2006/2008); Schmerzgrenze (2011/2013); Selbststeuerung (2015/2018); Wie wir werden wer wir sind (2019)

15 Bereits die Schwangerschaft kann Einfluss auf die spätere Fähigkeit des Kindes haben, Empathie zu entwickeln. Eine Vorgeschichte der Frau mit Gewalterfahrungen kann sich auf das Kind im Leib der Schwangeren auswirken. Besonders negativ sind die Auswirkungen, wenn Frauen während der Schwangerschaft Gewalt erleben. Weitergehende Ausführungen zu den tiefgreifenden vorgeburtlichen Einflüssen würden den Rahmen dieses Buches sprengen.

16 Die in den Bezugspersonen durch den Säugling ausgelösten Spiegelungs- oder Resonanzreaktionen sind ihrem Wesen nach intuitive, also nicht strategisch geplante, absichtsvoll oder bewusst durchgeführte Imitationen. Auch wenn ihre Reaktion imitativer Natur ist, senden Bezugspersonen dem Säugling aber nicht 1:1 das zurück, was vom Säugling »ausgesandt« wurde, sondern mengen ihren Reaktionen affektive Zusatzelemente bei, die den Säugling die (wohlwollende oder ablehnende) Stimmung seines Gegenübers spüren lassen.

17 Siehe Bauer: Warum ich fühle, was du fühlst (2005/2006)

18 Siehe Bauer: Wie wir werden, wer wir sind (2019)

19 Die neuroanatomische Adresse lautet »ventromedialer Präfrontaler Cortex«, abgekürzt vmPFC. Der vmPFC bildet die zentrale Struktur der Selbstnetzwerke. Ergänzende, ebenfalls zum neuronalen Selbst-System gehörende Strukturen finden sich, tief in die Hirnteilungsfurche (Fissura Longitudonalis Cerebri) eingesenkt, im hinteren Teil der Mittellinie des Gehirns (»Posteriorer Cingulärer Cortex«, abgekürzt PCC) sowie beidseits an der Außenseite der Hirnoberfläche im Bereich der sogenannten »Temporoparietalen Übergangsregion« (Fachbezeichnung »Temporo-Parietal Junction«, abgekürzt TPJ). Der vmPFC kodiert vor allem das aktuelle Selbst-Bewusstsein (»Hier bin ich«), während der PCC die biografischen Aspekte des Selbst abzuspeichern scheint. Die TPJ tritt vor allem dann in Funktion, wenn es darum geht, zwischen Selbst und Nicht-Selbst, also zwischen sich und einem signifikanten Anderen zu unterscheiden.

20 Bauer: Selbststeuerung (2015/2018), Wie wir werden, wer wir sind (2019), Courtney und Meyer (2020)

21 Piff et al. (2015), Stellar et al. (2017), Lumber et al. (2017), Anderson et al. (2018a, 2018b), Miralles et al. (2019), Goldy und Piff (2020)

22 Acar und Torquati (2015), Lithoxoidou et al. (2017)

23 Chalmers (2019), Bauer: Selbststeuerung (2015/2018); Wie wir werden, wer wir sind (2019)

24 Mit dem Begriff der »durchschnittlichen psychischen Gesundheit« möchte ich einen Bereich durchschnittlicher Neurotizität benennen, in dem wir uns alle befinden. Psychosen und schwere Persönlichkeitsstörungen wie pathologischer Narzissmus oder Antisozialität befinden sich außerhalb dieses Bereichs.

25 Jolly et al. (2019)

26 Schiller: Ode an die Freude (1785/1786)

27 »Openness« und »Agreeableness« im Raster der »Big-Five«-Persönlichkeitseigenschaften.

28 Hawkley und Cacioppo (2010), Holt-Lunstad et al. (2010, 2015), Cacioppo et al. (2011, 2015), Tanskanen und Anttila (2016), Jetten et al. (2017), Cacioppo und Cacioppo (2018), Haslam et al. (2019), Tomova et al. (2019), Brooks et al. (2020), Härkänen et al. (2020)

29 Haslam et al. (2018). Die Geringschätzung psychosozialer Aspekte der Gesundheit findet sich nach diesen Autoren vor allem im rechten politischen Spektrum.

30 Abgesehen von einer effizienten Strafverfolgung ist das wirksamste Vorgehen gegen rechtsextreme beziehungsweise islamistische Gewalttäter und Amokläufer die Dekonstruktion ihrer Taten anhand einer Darstellung der Umstände ihres persönlichen biografischen Scheiterns. Nur so kann ihnen und anderen deutlich gemacht werden, dass sie nicht die Helden sind, als die sie sich verstehen und im Internet darstellen, sondern Verlierer und menschlich Gescheiterte.

31 https://de.statista.com/statistik/daten/studie/1014929/umfrage/umfrage-in-deutschland-zur-haeufigkeit-von-einsamkeit-nach-alter/

32 Siehe u. a. Lanier (2018), Waytz und Gray (2018), Verduyn et al. (2015), Helliwell und Huang (2013)

33 Kim et al. (2020). Siehe auch Aui et al. (2020)

34 Dovidio et al. (2007), Muldoon et al. (2020)

35 Haslam und Reicher (2006)

36 Ellemers et al. (2002), Dovidio et al. (2007), Xu et al. (2009), Sheng und Han (2012), Drury (2018), Han (2018), Iyengar et al. (2018), Drury et al. (2019), Muldoon et al. (2020), Han et al. (2020), Kofta et al. (2020)

37 Siehe Bauer: Das kooperative Gen (2008/2010)

38 Von lateinisch »distalis« (entfernt) und »proximus« (nahestehend).

39 Die Hautfarbe ist unter biologischen Aspekten kein maßgebliches Kriterium, das eine soziale Identität rechtfertigen würde, ebenso wenig wie die Augenfarbe, die Haarfarbe, die Körpergröße, abstehende Ohren oder Kurzsichtigkeit. Insoweit die Hautfarbe also zum Kriterium einer sozialen Identität gemacht wird, handelt es sich um eine soziale Konstruktion, die in diesem Falle den Namen Rassismus trägt.

40 Zum Problem der Opferidentität siehe Giglioli (2016)

41 Cichoka und Cislak (2020) sowie Marchlewska et al. (2020)

42 Kteily et al. (2016), Kteily und Bruneau (2017a, 2017b)

43 Das staatliche Gewaltmonopol steht dabei natürlich nicht zur Diskussion. Gewaltsamem Extremismus jedweder Provenienz muss mit voller Härte begegnet werden.

44 Hannikainen et al. (2020)

45 Paul (2000), Kirsten (2012), Tam (2013, 2015, 2019), Zhang et al. (2014), DiFabio und Kenny (2018), Abregas und Perez-Garcia (2019), Pulsinelli (2019). Begründer einer neuen, empathischen Sichtweise der Beziehung von Mensch und Natur war der norwegische Philosoph Arne Næss (Næss, 1973).

46 Loring (1997)

47 Coté (2010)

48 Benz und Bauer (2015)

49 Siehe dazu weitergehende Ausführungen in meinem Buch *Schmerzgrenze* (Bauer, 2013b; Ersterscheinungsjahr war 2011)

50 Wahrscheinlich hat sich die Sesshaftwerdung des Menschen, unabhängig vom Nahen Osten, parallel an ein oder zwei weiteren Orten der Erde (z. B. in China) vollzogen. Die Forschung dazu ist noch nicht abgeschlossen.

51 Bauer: Schmerzgrenze – Vom Ursprung alltäglicher und globaler Gewalt (2013b, Ersterscheinungsjahr 2011)

52 Dr. Marion Benz (Universität Freiburg und DAI Berlin/FU Berlin), Dr. Hans-Georg Gebel (DAI Berlin/FU Berlin), später kamen Kontakte mit Dr. Christoph Purschwitz und weiteren KollegInnen hinzu.

53 Bauer und Benz (2013), Benz und Bauer (2013), Benz und Bauer (2015)

54 Auch dazu entstanden gemeinsame Publikationen, siehe Benz et al. (2019), Benz et al. (in Vorbereitung).

55 Gebel (2010, 2014)

56 Nähere Ausführungen dazu finden sich in meinem Buch *Schmerzgrenze.* Der Beginn der Benachteiligung der Frau hatte mit der damals einsetzenden Arbeitsteilung in einer nicht technologisierten Welt, mit der Schwere der Feldarbeit und mit der Tatsache zu tun, dass sie, anders als der Mann, wegen Schwangerschaften und der Versorgung von Kindern nicht das ganze Jahr als Arbeitskraft

zur Verfügung stand. Eines der auffallendsten und aus heutiger Sicht unangenehmsten Merkmale von Göbekli Tepe ist seine »Testosteronlastigkeit«, die vor allem in der auffallend einseitigen Maskulinität der Stelen, ihrer Reliefs und der Tierfiguren deutlich wird.

57 Benz (2016), Benz et al. (2019)

58 Benz et al. (2019)

59 Siehe dazu u. a. Henley (2019)

60 Jacques Cauvin (1930–2001), Zitat (»Der Ackerbau bedeutete vor allem die Domestikation der menschlichen Spezies«) in Benz und Bauer (2013)

61 Altes Testament, Genesis 3

62 TUAT III, 363–371, siehe Kaiser (1982–1997)

63 Pfeiffer (2006)

64 Benz (2016)

65 Bei der Anwendung radiochemischer Methoden wird der radioaktive Verfall bestimmter Atome analysiert, woraus dann relativ genau auf das Alter einer bestimmten Probe geschlossen werden kann.

66 Perlin (1989)

67 Algaze (1993), Halama (2016)

68 Wikipedia datiert die Lebenszeit von Gilgamesch auf die erste Hälfte des 3. vorchristlichen Jahrtausends, in die Zeit zwischen 3000 und 2600 vor Christus.

69 Altes Testament, 1. Buch der Könige 5:15 und folgende.

70 Siehe Kaplan et al. (2009)

71 Lanier (2018)

72 Siehe Bauer: Wie Medien und soziale Netzwerke uns verändern (Vortrag). https://www.youtube.com/watch?v=2XMq5jcPG9g

73 Dass es die sozialen Netzwerke waren, die den Arabischen Frühling überhaupt erst einmal begünstigt hatten, macht die Sache nicht besser. Unter dem Strich hat sich aufgrund seines chaotischen Ausgangs durch den Arabischen Frühling für die beteiligten Länder nichts verbessert.

74 Ich selbst hatte mich wegen Willy Brandts Friedenspolitik und Erhard Epplers Umweltengagement den Jungsozialisten der SPD

angeschlossen. Unterstützung für die Anti-Atomkraft-Bewegung gab es damals aber weder von der SPD noch von einer der anderen Parteien.

75 Unter ihnen Hannes Wader, Andreas Osterrieth und weitere.

76 Eine Ausnahme war der in seiner Partei auf Bundesebene leider relativ isolierte Erhard Eppler, damals Landesvorsitzender der baden-württembergischen SPD.

77 Carlson (1962)

78 Meadows et al. (1972)

79 Die erste deutsche grüne Partei gründete sich im Januar 1980.

80 Bei diesen Stoffen handelt es sich um sogenannte freie Radikale, hoch aggressive Verbindungen.

81 Zu den Verbreitern von Desinformation zählte eine von großen Konzernen organisierte Initiative, die sich »Global Climate Coalition« nannte und die durch den Menschen verursachte Klimaerwärmung bestritt, von der 97 Prozent aller Wissenschaftler überzeugt sind; siehe dazu Tortell (2020).

82 »Vereinigt Euch hinter der Wissenschaft.«

83 Der Weg zum Pariser Klimaabkommen wurde durch langjährige Vorarbeiten des internationalen »Intergovernmental Panel on Climate Change« (IPCC) gebahnt, das 1988 seine Arbeit aufgenommen hatte und bis heute existiert.

84 Wenn die nationalen Verpflichtungen aus dem Pariser Klimaabkommen voll eingehalten würden (wonach es keineswegs aussieht), hätte bereits das einen Temperaturanstieg von 3,2 Grad Celsius (gegenüber dem vorindustriellen Level) im Jahre 2100 zur Folge, siehe Haines und Ebi (2019).

85 www.climate.nasa.gov

86 Cook et al. (2016), Van der Linden et al. (2017), WWF (2018)

87 Trockenheit der Böden verursacht in Deutschland mehr als die Hälfte aller klimabedingten Ertragseinbußen (Mitteilung des Gesamtverbandes der Deutschen Versicherungswirtschaft GDV vom 26. Juni 2020, siehe https://www.gdv.de/de/themen/news/-die-spitzenertraege-sind-auf-jeden-fall-weg--60394)

88 www.climate.nasa.gov

89 Haines und Ebi (2019)

90 WWF (2018)

91 WWF (2018), Weindl et al. (2020)

92 Haines und Ebi (2019)

93 Stark et al. (2009), Haines und Ebi (2009)

94 Siehe u.a. Bauer et al. (1988, 1989), Geiger et al.(1988), Spriggs et al. (1990), Bauer et al. (1991), Ehrhardt et al. (1993), Bauer et al. (1995), Lieb et al. (1996)

95 Die Einstrahlung der Sonne behindern würden in die Atmosphäre geschleuderte Rußpartikel, etwa nach massiven Vulkanausbrüchen. Auch der Einschlag eines großen Meteors oder ein Atomkrieg könnten zu einer Verfinsterung der Erde führen. Die Folge wäre eine Abkühlung der Erde. Sie wäre für den Menschen ebenso tödlich, wie es eine ungebremst weitergehende Erwärmung wäre. In der Frühphase der Erdgeschichte war die Erde vorübergehend sogar vereist (»Snowball Earth«).

96 WWF (2018); außerdem: https://de.statista.com/statistik/daten/studie/1717/umfrage/prognose-zur-entwicklung-der-weltbevoelkerung/

97 https://ourworldindata.org/land-use

98 https://www.greenpeace.de/landwirtschaft-und-klima. Der Anteil der Landwirtschaft an der gesamten Emission von Methan- sowie von Lachgas liegt jeweils deutlich über 60 Prozent.

99 Aleksandrowicz et al. (2016), WWF (2018)

100 West et al. (2014). Der Einsatz von Düngemitteln hat sich seit 1969 weltweit vervierfacht, siehe Tortell (2020).

101 https://ourworldindata.org/land-use

102 Willett et al. (2019)

103 https://ourworldindata.org/land-use

104 https://ourworldindata.org/land-use

105 Willet et al. (2019), Springmann et al. (2020)

106 Weindl et al. (2020)

107 Vanham et al. (2018); außerdem: https://www.rki.de/DE/Content/Gesundheitsmonitoring/Themen/Uebergewicht_Adipositas/Uebergewicht_Adipositas_node.html

108 https://www.weltagrarbericht.de/aktuelles/nachrichten/news/de/33467.html

109 Willet et al. (2019)

110 Milner et al. (2015), Willet et al. (2019), Springmann et al. (2020)

111 Global Burden of Diseases (GBD) Diet Collaborators (2019); Weindl et al. (2020), Willet et al. (2019)

112 Aleksandrowicz et al. (2016)

113 Wissenschaftliche Begründungen für dieses zentrale Statement finden sich bei Esher et al., (2014), West et al. (2014), Milner et. al. (2015), Aleksandrowicz et al. (2016), Vanham (2018), Global Burden of Diseases (GBD) Diet Collaborators (2019).

114 Der Amazonas-Urwald repräsentiert 34 Prozent, die Wälder Indonesiens 17 Prozent der weltweit vorhandenen tropischen Wälder, siehe u. a. West et al. (2014), außerdem: https://www.nationalgeographic.com/environment/global-warming/deforestation/; weiterhin: https://www.worldwildlife.org/threats/deforestation-and-forest-degradation

115 Die derzeit existierenden Wälder absorbieren jährlich 2,4 Milliarden Tonnen CO_2. Siehe u. a. Poker und MacDicken (2016); siehe außerdem: http://www.fao.org/forestry/statistics/en/

116 Offensichtlich waren unsere für Gesundheit zuständigen Behörden unvorbereitet, als die Epidemie begann. Insbesondere waren keine nationalen Vorräte an Masken, Schutzkleidung und Desinfektionsmitteln angelegt worden. Leider wurde über Wochen wahrheitswidrig behauptet, dass eine Bedeckung von Mund und Nase durch einfache Masken unwirksam sei. Das Gegenteil ist richtig (Wang et al., 2020; Zhang et al., 2020). Auch dass das Tragen einer Maske Menschen sorglos machen könnte, war eine aus der Luft gegriffene, unrichtige Behauptung (Matzari et al., 2020). Ich selbst hielt die Maskenpflicht von Anfang an für unbedingt geboten und habe mich diesbezüglich auch am 6. April 2020 bei meinem Auftritt in der »Corona-Sprechstunde« von ARD-Alpha entsprechend klar geäußert. Eine strikte Maskenpflicht in öffentlichen Verkehrsmitteln und Läden, das Verbot öffentlicher Veranstaltungen und die zeitweise Schließung von Schulen, Lokalen und Bars hätten ausgereicht, um die Epidemie rasch und wirksam einzudämmen. Wenn man von diesen

Aspekten absieht, war das Management der Bundesregierung in Berlin aus meiner Sicht aber nicht zu beanstanden. Das Fehlen von Masken Anfang 2020 war nun einmal Fakt und machte die Beschränkungen unvermeidlich.

117 Im Original: »The risk of emergence of a novel bat-CoV disease can therefore be envisioned.« (Afelt et al., 2018)

118 Im Original: »Bats, Coronaviruses, and Deforestation: Toward the Emergence of Novel Infectious Diseases?«

119 Li, X. et al. (2020)

120 Die Tendenz, sich in einer moralischen Angelegenheit, in der man sich öffentlich stark engagiert hat, persönlich besondere Rechte herauszunehmen, wird in der Sozialpsychologie als »Moral Licensing« bezeichnet.

121 WWF (2018)

122 820 Millionen Menschen haben auf unserer Erde derzeit keine ausreichende Ernährung. West et al. (2014), Willett et al. (2019); siehe auch https://ec.europa.eu/environment/archives/eussd/pdf/bio_foodwaste_report.pdf

123 https://www.welthungerhilfe.de/aktuelles/blog/lebensmittel verschwendung/

124 Deutschland zählt unter den OECD-Staaten zu den Ländern mit der höchsten Pro-Kopf-Müllproduktion, siehe https://www.weforum.org/agenda/2020/02/waste-global/

125 WWF (2018), siehe auch http://www.oceanhealthindex.org/methodology/components/trash-pollution

126 Das Problem der Entsorgung von radioaktivem Müll in den Weltmeeren und des Abflusses von kontaminierter Flüssigkeit aus Kernkraftwerken (Fukushima und andere) sei hier nur erwähnt, ohne dass ich darauf weiter eingehe.

127 WWF (2018)

128 Sogenannte Phtalate, zum Beispiel Bisphenol. Siehe unter anderem Tortell (2020).

129 Lau et al. (2020)

130 Twenge et al. (2018), Twenge und Campbell (2019), Twenge et al. (2019)

131 Konrath et al. (2011)

132 Lederbogen et al. (2013)

133 Bratman et al. (2015). In dieser Untersuchung zeitigte bereits ein 90-minütiger Aufenthalt im Wald nicht nur signifikante positive psychische Auswirkungen, sondern auch dazu korrelierende neurobiologische Veränderungen im Bereich der Selbst-Netzwerke.

134 Reckwitz (2019)

135 Als Ursachen für diese Entwicklung nennt Reckwitz mit dem Neoliberalismus einhergegangene Entwicklungen wie Globalisierung, Deregulierung, Privatisierung und Sozialabbau.

136 Hawkley und Cacioppo (2010), Holt-Lunstad et al. (2010, 2015), Tanskanen und Anttila (2016), Puterman et al. (2020), Härkänen et al. (2020)

137 Cichoka und Cislak (2020), Marchlewska et al. (2020)

138 Zu den aus Sicht der Hassenden relevanten sozialen Ressourcen zählen Sozialleistungen, Zugang zu Bildungseinrichtungen, öffentlicher Raum (z. B. Platz in Freibädern), vor allem aber auch potenzielle Partnerinnen. Die Hassenden unterstellen, dass Fremde ihnen diese wegnähmen. Von ihnen gehasst werden daher auch selbstbewusste Frauen, die sich keinem patriarchalischen Modell fügen wollen.

139 Siehe dazu das großartige kleine Buch von Daniele Giglioli (Giglioli, 2016).

140 Die internetbasierten Methoden, derer sich die Akteure hier bedienen, hat Jaron Lanier, ein Insider der Branche, in einem lesenswerten Buch dargestellt (Lanier, 2018).

141 Siehe dazu unten anderem den von der ARD bzw. arte ausgestrahlten Dokumentarfilm »Fake America great again«, siehe: https://programm.ard.de/TV/arte/fake-america-great-again/eid_287242225846229 oder alternativ: https://dokumentarfilm.info/index.php/dok-mediatheken/486-tvtipp-fake-america-great-again.html

142 Beispielsweise schmückt sich eine »Global Warming Policy Foundation« mit dem Wissenschaftler Richard Tol, dessen verzerrende Darstellungen von der wissenschaftlichen Gemeinschaft einhellig abgelehnt werden (siehe Cook et al., 2016).

143 Lewandowsky et al. (2015), Cichoka und Cislak (2020)

144 Die meistgenutzten sozialen Medien sind Facebook (2,5 Mrd. Nutzer), Youtube (2 Mrd.), WhatsApp (2 Mrd.), Facebook Messenger (1,3 Mrd.), WeChat (1,1 Mrd.) und Instagram (1 Mrd.).

145 Brady et al. (2020); außerdem: https://www.statista.com/statistics/278414/number-of-worldwide-social-network-users/

146 Siehe Lanier (2018), siehe auch: https://vorarlberg.orf.at/radio/stories/3004255/

147 Helliwell und Huang (2013), Verduyn et al. (2015), Primack et al. (2017), Twenge et al. (2018, 2019), Twenge und Campbell (2019)

148 In einer Untersuchung von Helliwell und Huang (2013) hatten 18 Prozent der Nutzer mehr als 100 (bis zu 300) »Freunde«.

149 Hietanen (2018)

150 Rennung und Göritz (2015, 2016), Mogan et al. (2017)

151 Siehe die selbst in Zeiten der COVID-19-Epidemie offenbar unverzichtbaren Berührungsgesten bei Begegnungen von Staatschefs.

152 Field (2010)

153 Obwohl ich zu denen gehöre, die seit Beginn der Pandemie zur Einhaltung aller sinnvollen Maßnahmen der Infektionsprophylaxe raten (Tragen eines Mund-Nasen-Schutzes, Abstandswahrung, Händehygiene), dürfen wir den Bogen nicht überspannen und das gesamte Leben nicht einer Diktatur des Infektionsschutzes unterwerfen. Hoch problematisch sind zum Beispiel – wie geschehen – von Gesundheitsämtern an Eltern gegebene Anweisungen, kleine Kinder, die sich wegen eines positiven SARS CoV2-Testes in häusliche Quarantäne begeben mussten, auch zu Hause von den eigenen Familienmitgliedern sozial zu isolieren (Frankfurter Allgemeine Zeitung vom 21. August 2020, Seite 2). Eine solche Auflage kann, wenn sie befolgt würde, ein Kind traumatisieren. Ich sehe keinen Grund, warum man in einer solchen Situation nicht zulassen sollte, dass ein Elternteil, soweit er nicht zur Risikopopulation zählt, an der Seite des Kindes bleibt und das damit verbundene Infektionsrisiko auf sich nimmt.

154 Christakis und Fowler (2012), Bond et al. (2012), Kramer et al. (2013), Brady et al. (2017, 2020), Goldenberg et al. (2020). Die Auswahl, welches Material (welche Feeds) ein einzelner Nutzer zu sehen bekommt, treffen sogenannte Algorithmen. Social Media-Plattformen erfassen – mittels automatischer Erkennungs systeme – das Internetverhalten jedes einzelnen Nutzers und erstellen auf dieser Basis sein individuelles Persönlichkeitsprofil. Auf der Basis dieses Profils erhält jeder Nutzer – automatisch, gesteuert durch einen Algorithmus – gezielt Material zugesandt, das zu ihm »passt« (d. h. Material, mit dem man *diesen* Nutzer optimal beeinflussen kann).

155 Die Manipulationspotenziale der Social-Media-Plattformen sind der Grund, warum Insider wie Jaron Lanier raten, sich aus den Social Media zurückzuziehen (Lanier, 2018).

156 Cook et al. (2016)

157 Van der Linden et al. (2017)

158 Basol et al. (2020)

159 Pennycock und Rand (2019)

160 Pennycock und Rand (2019) sprechen von einer »reflexive open-mindedness«. Davon betroffene Menschen lassen sich mit dem »Cognitive Reflection Test« erkennen, bei dem getestet wird, ob eine Person zu »schnellem Denken« oder »langsamem Denken« (gemäß der Definition des Nobelpreisträgers Daniel Kahneman) neigt. Die von Kahneman in den Test übernommene Testfrage lautet: »Ein Schläger und ein Ball kosten zusammen 1,10 €. Der Schläger ist um 1,- € teurer als der Ball. Wie viel kostet der Ball?« 65 Prozent aller Befragten beantworten die Frage falsch, weil sie (zu) schnell und unkritisch gedacht haben (die richtige Antwort lautet: Der Ball kostet 5 Cent). Entsprechend zeigen solche Personen auch eine größere Tendenz, im Netz verbreiteten Falschinformationen aufzusitzen.

161 Kraner et al. (2013)

162 Goldenberg et al. (2020)

163 Brady et al. (2017)

164 Bond et al. (2012)

165 Digitale Technologien sind von unschätzbarem Wert und aus unserem Leben nicht mehr wegzudenken. Ihre problematischen Seiten alle zu diskutieren, ist hier nicht möglich.

166 Afelt et al. (2018)

167 Insbesondere waren von den zuständigen Gesundheitsbehörden keine Vorräte an Masken, Schutzanzügen und Desinfektionsmitteln angelegt worden. Wahrscheinlich um diesen Missstand zu kaschieren, wurde von einigen Verantwortlichen wahrheitswidrig zu Beginn der Krise zunächst behauptet, dass eine Bedeckung von Mund und Nase durch Masken keinen Schutz gegen die Verbreitung der Seuche biete. Tatsächlich ist das Tragen von Masken ein effektives Gegenmittel gegen die Verbreitung von Infekten der Atemwege (Wang et al., 2020; Zhang et al., 2020). Auch die Behauptung, das Tragen von Masken verleite die Betroffenen zu sorgloserem Verhalten, ist eine Mär (Mantzari et al. 2020).

168 Dezecache et al. (2020)

169 John Muire (1838–1914) war Naturphilosoph, Mitbegründer und erster Präsident des 1892 gegründeten »Sierra Club«, der ältesten und mit derzeit 3,8 Millionen Mitgliedern bis heute größten Naturschutzorganisation der USA. In seinem 1912 erschienenen Werk »The Yosemite« schrieb er: »Nature may heal and give strength to body and soul alike.« Die Zusammenhänge zwischen menschlichem Wohlbefinden und Naturverbundenheit wurden Ende des 19. Jahrhunderts auch im deutschsprachigen Raum intuitiv erkannt. Aus der Arbeiterbewegung heraus kam es 1895 in Wien zur Gründung der »Naturfreunde«, denen heute über 500 000 Mitglieder in 21 Ländern angehören. Ein Jahr später, 1896, formierte sich, ausgehend von einem Gymnasium in Berlin-Steglitz, der »Wandervogel«, eine Jugendbewegung, die sich ursprünglich als politisch neutral verstand, einige Jahrzehnte später dann aber von den Nationalsozialisten gleichgeschaltet wurde.

170 Paul (2000), Freed et al. (2012), Zhang et al. (2014), Piff et al. (2015), Lumber et al. (2017), Anderson et al. (2018), Puigdefabregas und Perez-Garcia (2019), Pulsinelli (2019),

Spitzer (2019), Goldy und Piff (2020), siehe auch Haines und Ebi (2019), Patterson et al. (2020)

171 Paul (2000), McIntyre (2012), Di Fabio und Kenny (2018)

172 Die Natur ist ein Kind der Evolution. Dies schließt nicht aus, dass spirituell offene oder gläubige Menschen sie als ein göttliches Geschenk betrachten.

173 Aus Friedrich Hölderlins Hymne »Patmos« (1808)

174 Safranski (2019)

175 Eine Variante dieses Weges ist der Gang in die sozialen Netzwerke und die Bereitschaft, sich dort im täglichen Kampf um Wahrnehmung und gute Bewertung zu behaupten.

176 Siehe Bauer: Das Gedächtnis des Körpers (2002/2013) und Arbeit (2013/2015)

177 Cacioppo et al. (2011, 2015), Taskanen und Anttila (2016)

178 Siehe Bauer: Wie wir werden, wer wir sind (2019)

179 Sich gegenseitig empathisch zu begleiten bedeutet nicht, mit allem einverstanden zu sein, was der andere tut. Gerade dann, wenn wir einem Menschen mit Wohlwollen und Empathie zugetan sind, werden und müssen wir ihn ansprechen, wenn uns sein Verhalten Sorgen macht. Das gilt ganz besonders in der Pädagogik.

180 Lumber et al. (2017), Anderson et al. (2018)

181 Holt-Lunstad et al. (2010, 2015). Zwischenmenschliche Zuwendung schützt nicht nur diejenigen, die sie empfangen, sondern auch die, die sie geben (Kim et al., 2020)

182 Anderson et al. (2018), Goldy und Piff (2020)

183 Hofmann et al. (2014)

184 Kirsten (2012), Tam (2013, 2019), Zhang et al. (2014)

185 Siehe dazu Markus Gabriel: Fiktionen (2020)

186 Ein besonderer Aspekt, den ich hier nicht vertiefen kann, betrifft die Auslagerung des »Selbst« ins Netz: Social Media Accounts repräsentieren für viele, vor allem jüngere Menschen das eigene »Selbst« in einem höheren Maße, als es die eigene physische Person tut. Ich habe diesen Aspekt in meinem Buch *Wie wir werden, wer wir sind* ausführlich analysiert.

187 Giglioli (2016), S. 51

188 Siehe nochmals Giglioli (2016)

189 Kant (1785), S. 52. Siehe auch Markus Gabriel: Moralischer Fortschritt in dunklen Zeiten (2020)

190 Kant (1785), S. 18, 105

191 Næss (1973)

192 Siehe dazu Brennan und Lo (2020)

193 Sie können sogar kontraproduktiv sein, siehe Schultz et al. (2007)

194 Luttrell et al. (2016, 2019), Capraro et al. (2019)

195 Kim et al. (2015), Sparkman und Walton (2019)

196 Kang et al. (2018)

197 Kollektive Identitäten können sich zum Beispiel daraus ergeben, dass man als Gläubige(r) dem Judentum, Christentum oder dem Islam angehört, dass man als Gewerkschafter(in) für Arbeitnehmerrechte, als Aktivist(in) für Frauenrechte, als Bürgerrechtler(in) für »Black Lives Matter« oder als Dorfbewohner für die Belange eines Musikvereins kämpft.

198 Drury (2018), Muldoon et al. (2020)

199 Die Zuordnung anderer Menschen zu kollektiven Identitäten, welche zum Beispiel den Glauben einer angefeindeten Glaubensgemeinschaft, eine Ethnie, das Schicksal als MigrantIn oder die Eigenschaft, BesitzerIn eines SUV oder Schwabe (Schwäbin) in Berlin zu sein, betreffen, kann leicht zur Ent-Individualisierung und Dehumanisierung einzelner Menschen führen. Dem hätte Georg Wilhelm Friedrich Hegel, der als Schwabe in Berlin (!) lehrte, entgegengehalten: »Der Mensch gilt, weil er Mensch, nicht weil er Jude, Katholik, Protestant, Deutscher, Italiener ist« (Hegel, 1820).

200 Sheng und Han (2012), Kteily et al. (2016), Kteily und Bruneau (2017), Iyengar et al. (2018), Han et al. (2020), Koftar et al. (2020)

201 Andreas Reckwitz nennt diese Eliten »neue Mittelklasse« der »Spätmoderne« (Reckwitz, 2019).

202 Zu dieser Mehrheit zählt, den Klassifikationen von Andreas Reckwitz folgend, einerseits die traditionelle, heute vom Abstieg bedrohte, aus der abgelaufenen Zeit der »industriellen Moderne«

stammende frühere Mittelklasse sowie andererseits die in prekären sozialen Verhältnissen lebende, im schlecht bezahlten Dienstleistungsbereich tätige oder arbeitslose Unterklasse (Reckwitz, 2019).

203 Cichocka et al. (2020), Marchlewska et al. (2020), Kofta et al. (2020)

204 Ellemers et al. (2002), Haslam und Reicher (2006), Dovidio et al. (2007), Rand et al. (2009), Baumeister et al. (2017), Drury (2018), Van Bavel und Pereira (2018), Drury et al. (2019), Jolly et al. (2019), Muldoon et al. (2020)

205 Dovidio et al. (2007), siehe auch Greenaway et al. (2015)

206 Dieser Ansatz wird in der wissenschaftlichen Literatur als »Dual Identity Approach« bezeichnet (Dovidio et al, 2007), Shi et al. (2017); siehe auch Drury et al. (2019) und Martin et al. (2017)

207 Der Begriff »proximal«, vom lateinischen »proximus« (der Nächste) abgeleitet, bedeutet, dass es sich um eine Identität handelt, die eine Nähe zum eigenen Lebensraum hat.

208 Abgeleitet vom lateinischen »distalis« (entfernt).

209 Dabei handelt sich oft um Menschen der »alten Mittelklasse« gemäß der Definition von Andreas Reckwitz (Reckwitz, 2019).

210 Immanuel Kant äußerte in seiner Schrift *Zum ewigen Frieden* im dritten Definitivartikel, dass »niemand an einem Orte der Erde zu sein mehr Recht hat als der andere«, was er mit dem »Recht des gemeinschaftlichen Besitzes der Oberfläche der Erde« begründete. Ausdrücklich betonte er dort außerdem »das Recht eines Fremdlings, seiner Ankunft auf dem Boden eines andern wegen, von diesem nicht feindselig behandelt zu werden«. (Kant, 1795/1796). Dass kein Mensch ein besonderes, andere Menschen benachteiligendes Recht hat, an einem bestimmten Ort der Erde zu sein, heißt nicht, dass er oder sie diesen Ort nicht als Heimat ins Herz schließen darf.

211 Dalai Lama (2002), Steindl-Rast (2012)

212 Nussbaum (2016)

213 Der Begriff der Kultur kann sich auf zweierlei beziehen: Kultur kann zum einen die in einer Gesellschaft anzutreffende Art und Weise bezeichnen, die dingliche Welt und die Welt der Mit-

menschen wahrzunehmen, sie zu deuten, sich in ihr zu verhalten und in ihr etwas zu produzieren (auf dieser Ebene kann man zum Beispiel die Kultur des Zweistromlandes mit jener der alten Ägypter oder die individualistische Kultur der USA mit der kollektivistischen Kultur Chinas vergleichen). Zum anderen kann der Begriff der Kultur die Summe der Möglichkeiten bezeichnen, als Mensch innerhalb der eigenen Gesellschaft jenseits des ökonomischen Prinzips seinen Gefühlen, Gedanken, Verspieltheiten, seinen geistigen Vorstellungen und seinen körperlichen Möglichkeiten, aber auch seinen Bildungswünschen Ausdruck geben zu können (auf dieser Ebene des Kulturverständnisses angesiedelt sind Feste und Feiern, alle Formen von Musik, Sport, Tanz, Gesang, Theater, Kino, Museen, Ausstellungen, aber auch die Kochkunst und die Bildungseinrichtungen). Die letztgenannte Definition gibt jenen Aspekt von Kultur wieder, den ich hier meine. Literatur, welche die von mir genannten Aspekte von Kultur vertieft, findet sich bei Grossi et al. (2011), Schröder (2014), Hansen et al. (2015), Rennung und Göritz (2015, 2016), Nussbaum (2016), Wheatley und Bickerton (2017), Mogan et al. (2017), Dang (2018)

214 Giglioli (2014)

215 Reckwitz (2019), Gabriel (2020)

216 Reckwitz (2019)

217 Gabriel (2020)

218 Grossi et al. (2011), Hansen et al. (2015), Wheatley und Bickerton (2017)

219 Kant (1797), Schröder (2014)

220 Aus diesem Grund halte ich es für problematisch, wenn in Zeiten der COVID-19-Pandemie am rigorosen, undifferenzierten Verbot von Kulturveranstaltungen festgehalten wurde und wird, obwohl Möglichkeiten bestehen, sie unter Beachtung des Infektionsschutzes durchzuführen. Nachdem Wissenschaftler vom Charité-Institut für Sozialmedizin, Epidemiologie und Gesundheitsökonomie unter der Federführung von Prof. Stefan Willich ein wissenschaftlich begründetes Konzept vorgelegt hatten, wie sich Konzerte verantwortungsvoll durchführen lassen, wurde

ihnen von Kollegen, die einem infektiologischen Rigorismus anzuhängen scheinen, sofort widersprochen (Frankfurter Allgemeine Zeitung vom 20. August 2020, S. 12).

221 Benz und Bauer (2015)

222 In Deutschland hat dies vermutlich mit der Kompromittierung der Naturliebe durch den Nationalsozialismus zu tun. Zum Klimawandel in der Literatur allgemein siehe auch Ghosh (2017).

223 Nussbaum (2016)

224 Thompson (2008), Keller (2018). Heidi Kellers hochrangig publizierter Beitrag kommt der Verdienst zu, die spezifische Ausrichtung der »Attachment Theory« auf die kulturellen Besonderheiten unserer westlichen, individualistisch ausgerichteten Kulturen kritisch reflektiert zu haben. Sie weist zu Recht darauf hin, dass Kinder in Gemeinschaftskulturen (die auch als »collectivistic cultures« bezeichnet werden) oft von Anfang an derart intensiv in Beziehungen eingebettet sind, dass sich die Frage einer sozialen Vernachlässigung des Kindes (die Ausgangspunkt der Attachment Theory war) dort gar nicht stellt (»[in] many communities children are not viewed as separate individuals outside of their families, but are, instead, nested within the identity of their parents, wider kin group, or community at large«).

225 Siehe dazu nochmals Nussbaum (2016)

226 Siehe dazu unter anderem McIntyre (2012), Pulsinelli (2019)

227 Seifried (2019)

228 Zur impliziten Übertragung von Stress bzw. Gefühlen von den Eltern auf das Kind siehe unter anderen Waters et al. (2014, 2017, 2020)

229 Konrath et al. (2011)

230 Acar und Torquati (2015), Lithoxoidou et al. (2017), Szczytko et al. (2020). Wie deprimierend einfallslos und uninspiriert ist dagegen die Art und Weise, wie an vielen unserer Schulen Wandertage durchgeführt werden.

231 Steffen et al. (2015, 2020)

232 https://www.un.org/sustainabledevelopment/sustainable-development-goals/; Sachs et al. (2020)

233 Meckling und Allan (2020); siehe in diesem Zusammenhang auch Boyer und Petersen (2018)

234 Stadler (2019), Sachs et al. (2020)

235 Meistens handelt es sich dabei um gentechnologisch optimiertes Soja.

236 Wir sollten bedenken, wie die Art und Weise, wie wir heute – vor allem im Rahmen der Massentierhaltung – Tiere behandeln, auf unsere Nachkommen wirken wird, wenn sie in hundert Jahren auf unsere Zeit zurückblicken.

237 Zur Etikettierung nachhaltiger Produkte im Bereich Nahrungsmittel siehe Brown et al. (2020), zur Effektivität von Etikettierungen bei Tabakprodukten siehe Evans et al. (2015), Noar et al. (2016)

238 Lanier (2018), Gabriel (2020a)

239 Carter et al. (2015), Van Lange et al. (2018), Drury et al. (2019), Van Bavel et al. (2020)

240 Haines et al. (2019), siehe auch Mourkas et al. (2020)

241 Apfelbacher et al. (2020)

242 Nochmals Carter et al. (2015), Van Lange et al. (2018), Drury et al. (2019), Van Bavel et al. (2020)

243 Carter et al. (2015), Drury (2018), Drury et al. (2019), Muldoon et al. (2020), Van Bavel et al. (2020)

244 Die im Verlauf der COVID-19-Epidemie im Jahr 2020 aufgetretenen Experten waren, jeder für sich, untadelig; ihre zeitweise persönliche gegenseitige Befehdung war allerdings bedauerlich. Besonders negativ fiel auf, wenn einzelne Experten einen schulmeisterlichen, nervig-belehrenden Ton anschlugen.

Literatur

Abregas, J.P. und Perez-Garcia, M.: A Neuro-Scientific Approach to Environment Care. Cuadernos de Investigacion Geografica 45:19 (2019)

Acar, I. und Torquati, J.: The Power of Nature: Developing Prosocial Behavior Toward Nature and Peers Trough Nature-Based Activities. Young Children: November-Heft (2015)

Afelt, A. et al.: Bats, Coronaviruses, and Deforestation: Toward the Emergence of Novel Infectious Diseases? Frontiers in Microbiology 9: Article 702 (2018)

Aleksandrowicz, L. et al.: The Impacts of Dietary Change on Greenhouse Emissions, Land Use, Water Use, and Health: A Systematic Review. PLOS ONE doi:10.1371/journal.pone.-0165797 (2016)

Algaze, G.: The Uruk World System. The Dynamics of Expansion of Early Mesopotamian Civilization. University of Chicago Press, Chicago (1993)

Anderson, C.L. et al.: Awe in Nature Heals: Evidence from Military Veterans, At-Risk Youth, and College Students. Emotion. Doi.org/10.1037/emo0000442.supp (2018)

Anderson, C.L. et al.: Are Awe-Prone People More Curious? The Relationship between Dispositional Awe, Curiosity, and Academic Outcomes. Journal of Personality. Doi:10.1111/jopy.12524 (2018)

Anderson, R.M. et al.: How Will Country-Based Mitigation Measures Influence the Course of the COVID-19 Epidemic? The Lancet (21. März) 395:931 (2020)

Apfelbacher, C. et al.: Gesundheitliche und soziale Folgewirkungen der Corona-Krise. Prognos AG und Institut der Deutschen Wirtschaft (2020)

Awad, E. et al.: The Moral Machine Experiment. Nature. doi.org/10.1038/s41586-018-0637-6 (2018)
Basol, M. et al.: Good News About Bad News: Gamified Inoculation Boosts Confidence and Cognitive Immunity Against Fake News. Journal of Cognition. doi:org/10.5334/joc.91 (2020)
Baumeister, R. et al.: Human Self as Information Agent: Functioning in a Social Environment Based on Shared Meaning. Review of General Psychology 22:36 (2018)
Bauer, J. et al: Regulation of Interleukin-6 Expression in Cultured Human Blood Monocytes and Monocyte-Derived Macrophages. Blood 72:1134 (1988)
Bauer, J. et al.: Regulation of Interleukin 6 Receptor Expression in Human Monocytes and Monocyte-Derived Macrophages. Comparison with the Expression in Human Hepatocytes. Journal of Experimental Medicine 170:1537. doi: 10.1084/jem.170.5.1537 (1989)
Bauer, J. et al.: Interleukin-6 and α-2-Macroglobulin Indicate an Acute-Phase State in Alzheimer's Disease Cortices. FEBS Letters 285:111 (1991)
Bauer, J. et al.: Induction of Cytokine Synthesis and Fever Suppresses REM Sleep and Improves Mood in Patients with Major Depression. Biological Psychiatry 38:611 (1995)
Bauer, J.: Das Gedächtnis des Körpers – Wie Beziehungen und Lebensstile unsere Gene steuern. Piper Verlag, München (2013) (Ersterscheinungsjahr 2002)
Bauer, J.: Warum ich fühle, was du fühlst – Intuitive Kommunikation und das Geheimnis der Spiegelneurone. Heyne Verlag, München (2006, Ersterscheinungsjahr 2005)
Bauer, J.: Prinzip Menschlichkeit – Warum wir von Natur aus kooperieren. Heyne Verlag, München 2008 (Ersterscheinungsjahr 2006)
Bauer, J.: Das kooperative Gen. Heyne Verlag, München 2010 (Ersterscheinungsjahr 2008)
Bauer, J.: Lob der Schule. Heyne Verlag, München (2008)
Bauer, J.: Arbeit – Warum sie uns glücklich oder krank macht. Heyne Verlag, München 2015 (Ersterscheinungsjahr 2013)
Bauer, J.: Schmerzgrenze – Vom Ursprung alltäglicher und globaler Gewalt. Heyne Verlag, München 2013 (Ersterscheinungsjahr 2011)

Bauer, J.: Selbststeuerung – Die Wiederentdeckung des freien Willens. Heyne Verlag, München 2018 (Ersterscheinungsjahr 2015)

Bauer, J.: Wie wir werden, wer wir sind – Die Entstehung des menschlichen Selbst durch Resonanz. Blessing Verlag, München 2019

Bauer, J. und Benz, M.: Neurobiology Meets Archaeology: The Social Challenges of the Neolithic Processes. Neo-Lithics 2:65 (2013)

Benz, M. und Bauer, J.: Symbols of Power- Symbols of Crisis? A Psycho-Social Approach to Early Neolithic Symbol Systems. Neo-Lithics 2:11 (2013)

Benz, M. und Bauer, J.: On Scorpions, Birds and Snakes – Evidence for Shamanism in Northern Mesopotamia during the Early Holocene. Journal of Ritual Studies 29 (2):1 (2015)

Benz, M.: Frieden stiftende Ahnen. www.spektrum.de/artikel/1398158 (2016)

Benz, M. et al: Burying Power: New Insights into Incipient Leadership in the Late Pre-Pottery Neolithic from an Outstanding Burial a Ba'ja, Southern Jordan. PLOS ONE. doi.org/10.1371/journal.pone.0221171 (2019)

Beutel, M.E. et al.: Loneliness in the General Population. BMC Psychiatry 17:97 (2017)

Blum, E.: Textgestalt und Komposition – Exegetische Beiträge zu Tora und Vordere Propheten. Mohr Siebeck, Tübingen (2010) (Zitat siehe S. 15)

Bond, R.M. et al.: A 61-Million-Person Experiment in Social Influence and Political Mobilization. Nature 13:489 (2012)

Boyer, P. und Peterson, M.B.: Folk-Economic Beliefs: An Evolutionary Cognitive Model. Behavioral and Brain Sciences. 41:e158, doi: 10.1017/S0140525X17001960 (2018)

Brady, W.J. et al.: Emotion Shapes the Diffusion of Moralized Content in Social Networks. PNAS. doi 10.1073/pnas.1618923114 (2017)

Brady, W.J. et al.: Attentional Capture Helps Explain Why Neural and Emotional Content Go Viral. Journal of Experimental Psychology: General 149:746 (2020)

Brady, W.J. et al.: The MAD Model of Moral Contagion: The Role of Motivation, Attention and Design in the Spread of Moralized

Content Online. Perspectives on Psychological Sciences. doi: 10.1177/1745691620911 7336 (2020)
Brandt, A.M.: Inventing Conflicts of Interest: A History of Tobacco Industry Tactics. American Journal of Public Health 102:63 (2012)
Bratman, G.N.: Nature Experience Reduces Rumination and Subgenual Prefrontal Cortex Activation. Proceedings of the National Academy of Sciences PNAS. 112: 8567 (2015)
Brennan, A. and Lo, Y.-S.: »Environmental Ethics«, The Stanford Encyclopedia of Philosophy (Summer 2020 Edition), Edward N. Zalta (ed.).www.plato.stanford.edu/archives/sum2020/entries/ethics-environmental/> (2020)
Brooks, S.K. et al.: The Psychological Impact of Quarantine and How to Reduce It. The Lancet 395: 912 (2020)
Cacioppo, J.T. et al.: Social Isolation. Annals of the New York Academy of Sciences 1231:17 (2011)
Cacioppo, J.T. et al.: The Neuroendocrinology of Social Isolation. Annual Review of Psychology 66:733 (2015)
Cacioppo, J.T. et al.: The Neuroscience of Persuasion. Social Neuroscience. dx.doi.org/101080/17470919.2016.1273851 (2017)
Cacioppo, J.T. et al.: Loneliness in the Modern Age: An Evolutionary Theory of Loneliness. Advances in Experimental and Social Psychology 58:127 (2018)
Capraro, V. et al.: Increasing Altruistic and Cooperative Behaviour with Simple Moral Nudges. Scientific Reports 9:11880 (2019)
Carlson, R.: Silent Spring. Houghton Mifflin Harcourt, Boston (1962)
Carter, H. et al.: Applying Crowd Psychology to Develop Recommendations for the Management of Mass Decontamination. Health Security. doi: 10.1089/hs.2014.0061 (2015)
Chalmers, D.J.: Extended Cognition and Extended Consciousness. In: Andy Clark and His Critics (M. Colombo et al., Hrsg). Wiley-Blackwell, Hoboken (2019)
Chen, P.-H.A. et al.: Activity in Cortical Midline Structures is Modulated by Self-Construal Changes During Acculturation. Culture and Brain 3:39 (2015)

Chopik, A.S. et al.: Differences in Empathic Concern and Perspective Taking Across 63 Countries. Journal of Cross-Cultural Psychology 48:23 (2017)

Christakis, N.A. und Fowler, J.H.: Social Contagion Theory. Statistics in Medicine 32:556 (2013)

Cichocka, A. und Cislak, A.: Nationalism as Collective Narcissism. Current Opinion in Behavioral Sciences 34:69 (2020)

Clarke, L.: Panic: Myth or Reality? Contexts: 21 (Fall 2020)

Cockerham, W.C. et al.: The Social Determinants of Disease. American Journal of Preventive Medicine 52 (1Suppl1):S5 (2017)

Cook, J. et al.: Consensus on Consensus: A Synthesis of Consensus Estimates on Human-Caused Global Warming. Environmental Research Letters 11. Doi: 10.1088/1748-9326/11/4/048002 (2016)

Courtney, A.L und Meyer, M.L.: Self-Other Representation in the Social Brain Reflects Social Connection. Journal of Neuroscience. doi.org/10.1523/JNEUROSCI.2826-19.2020 (2020)

Coté, C.: Spirits of Our Whaling Ancestors. University of Washington Press, Seattle (2010)

Crum, A. et al.: The Role of Stress Mindset in Shaping Cognitive, Emotional, and Physiological Response to Challenging and Threatening Stress. Anxiety, Stress & Coping. Doi.org./10.1080/10615806.2016.1275585 (2017)

Crum, A. et al.: Optimizing Stress: An Integrated Intervention for Regulating Stress Response. Emotion 20:120 (2020)

Dalai Lama: Das Buch der Menschlichkeit: Eine neue Ethik für unsere Zeit. Bastei-Lübbe, Bergisch-Gladbach (2002)

Dang, W.: How Culture Shapes Environmental Public Participation: Case Studies in China, The Netherlands, and Italy. Journal of Chinese Governance. doi.org/10.1080/23812346.2018.1443758 (2018)

Darwin, C.: The Descent of Man. John Murray, London (1871)

Deutsche Bundesstiftung Umwelt. DBU-Umweltmonitor Corona-Folgen. Ergebnisse einer repräsentativen Forsa-Umfrage 27. bis 30. April 2020 (2020)

De Waal, F.B.M. und Preston, S.D.: Mammalian Empathy: Behavioural Manifestations and Neural Basis. Nature Reviews 18:498 (2017)

Dezecache, G. et al.: Pandemics and the Great Evolutionary Mismatch. Current Biology 30:R1 (2020)

Dickie, R. et al.: The Effects of Perceived Social Norms in Handwashing Behaviour in Students. Psychology, Health & Medicine 23:154 (2018)

Di Fabio, A. und Kenny, M.E.: Connectedness to Nature, Personality Traits and Empathy from a Sustainability Perspective. Current Psychology (2018)

Di Zerega, G.: Empathy, Society, Nature, and the Relational Self: Deep Ecology and Liberal Modernity. Social Theory and Practice 21:239 (1995)

Dirth, E.: Antworten auf Fridays for Future und die Jugendbewegung für Klimagerechtigkeit. www.iass-potsdam.de/ de/blog/ 2019/09 (2019)

Dovidio, J.F. et al.: Another View of »We«: Majority and Minority Group Perspectives on a Common Ingroup Identity. European Review of Social Psychology 18:296 (2007)

Drury, J.: The Role of Social Identity Processes in Mass Emergency Behaviour: An Integrative Review. European Review of Social Psychology 29:38 (2018)

Drury, J. et al.: Facilitating Collective Psychosocial Resilience in the Public in Emergencies: Twelve Recommendations Based on the Social Identity Approach. Policy and Practice Reviews 7: Article 141. Doi: 10.3389/pubh.2019.00141 (2019)

Ebert, C. und Steinert, J.: Gewalt an Frauen und Kindern in Deutschland während COVID-19-bedingter Ausgangsbeschränkungen. https://www.tum.de/nc/die-tum/aktuelles/pressemitteilungen/details/36053/ (2020)

Ehrhard, P. et al: Expression of Functional trk Protooncogene in Human Monocytes. Proceedings of the National Academy of Sciences USA 90:5423 (1993)

Eisenberg, L.: The Social Construction of the Human Brain. American Journal of Psychiatry 152:1563. doi: 10.1176/ajp.152.11.1563b (1995)

Ellemers, N. et al.: Self and Social Identity. Annual Review of Psychology 53:161 (2002)

Eshel, G. et al.: Land, Irrigation Water, Greenhouse Gas, and Reactive Nitrogen Burdens of Meat, Eggs, and Dairy Production in the United States. PNAS. 111:11996 (2014)

European Commission Science for Policy Briefs: Loneliness. JRC113146 (2018)

Evans, A.T. et al.: Graphic Warning Labels Elicit Affective and Thoughtful Responses from Smokers. PLOS ONE. doi:10:1371/journal.pone.0142879 (2015)

Field, T.: Touch for Socioemotional and Physical Well-Being: A Review. Developmental Review 30:367 (2010)

Fischhoff, B.: The Science of Science Communication. PNAS. 110:14033 (2013)

Fransen, K. et al.: Believing in »Us«: Exploring Leader's Capacity to Enhance Team Confidence and Performance by Building a Sense of Shared Social Identity. Journal of Experimental Psychology: Applied 21:89 (2015)

Freed, K.S. (mit Hale, J.A. als Advisor): The Altruism-Empathy-Perspective Connection: A Case Study of Human-Wildlife Interactions.
Abschlussarbeit an der Oregon State University. http://hdl.handle.net/1957/28741. (2012)

Gabriel, M.: Fiktionen. Suhrkamp Verlag, Berlin (2020a)

Gabriel, M.: Moralischer Fortschritt in dunklen Zeiten. Ullstein Verlag, Berlin (2020b)

Garcia, D. und Rime, B.: Collective Emotions and Social Resilience in the Digital Traces After a Terrorist Attack. Psychological Science 30:617 (2019)

Gebel, H.G.K.: Commodification and the Formation of Early Neolithic Social Identity. The Issues as Seen from the Southern Jordanian Highlands. In: The Principle of Sharing (Marion Benz, Ed.). Ex Oriente, Berlin (2010)

Gebel, H.G.K.: Territoriality in Early Eastern Sedentism. Neo-Lithics 2:23 (2014)

Geiger, T. et al.: Cell-Free-Synthesized Interleukin-6 (BSF-2/IFN-β2) Exhibits Hepatocyte-Stimulating Activity. FEBS Letters 175:181 (1988)

Gelfand, M.J. et al.: The Strength of Social Norms Across Human Groups. Perspectives on Psychological Science 12:800 (2017)

Ghosh, A.: Die große Verblendung. Der Klimawandel als das Undenkbare, Blessing, München (2017)

Giglioli, D.: Die Opferfalle – Wie die Vergangenheit die Zukunft fesselt (Ital. Erstausgabe 2014). Matthes & Seitz, Berlin (2016)

Global Burden of Diseases (GBD) Diet Collaborators: Health Effects of Dietary Risks in 195 Countries, 1990–2017: A Systematic Analysis for Global Burden of Disease Study 2017. The Lancet 393:1958 (2019)

Goldberg, M.H. et al.: Discussing Global Warming Leads to Greater Acceptance of Climate Science. PNAS. 116:14804 (2019)

Goldenberg, A. et al.: Collective Emotions. Current Directions in Psychological Science 29:154 (2020)

Goldy, S.P. und Piff, P.K.: Towards a Social Ecology of Prosociality: Why, When, and Where Nature Enhances Social Connection. Current Opinion in Psychology 32:27 (2020)

Goodwin, G.P. und Landy, J.F.: Valuing Different Lives. Journal of Experimental Psychology: General 143:778 (2013)

Gordon, I. et al.: Physiological and Behavioral Synchrony Predict Group Cohesion and Performance. Scientific Reports 10:8484 (2020)

Green, J. et al.: Not Just a Virtue: The Evolution of Self-Control. Time and Mind. Doi.org/10.1080/1751696X (2020)

Greenaway, K.H.: The Dark Side of Inclusion: Undesired Acceptance Increases Aggression. Group Process & Intergroup Relations 18: 173 (2015)

Grossi, E. et al.: The Interaction Between Culture, Health and Psychological Well-Being. Journal of Happiness Studies. doi 10.1007/s10902-011-9254-x (2011)

Härkänen, T. et al.: Estimating Expected Life-Years and Risk Factor Associations with Mortality in Finland: Cohort Study. British Medical Journal 10:e033741 (2020)

Haines, A. und Ebi, K.: The Imperative for Climate Action to Protect Health. The New England Journal of Medicine 380:263 (2019)

Halama, S.M.: Die ersten Metropolen. www.spektrum.de/artikel/1399741 (2016)

Halfon, E. und Barkai, R.: The Material and Mental Effects of Animal Disappearance on Indigenous Hunter-Gatherers, Past and Present. Time and Mind. doi:org/10.1080/1751696X.2020.1718309 (2020)

Han, S.: Neurocognitive Basis of Racial Ingroup Bias in Empathy. Trends in Cognitive Sciences 22:400 (2018)

Han, X. et al.: A Neurobiological Association of Revenge Propensity during Intergroup Conflict. eLife 9:e52014 (2020)

Hansen, E. et al: Cultural Activity Participation and Association with Self-Perceived Health, Life-Satisfaction and Mental Health. BMC Public Health 15:544 (2015)

Hannikainen, I.R. et al.: Moral Migration: Desire to Become more Empathic Predicts Changes in Moral Foundations. Journal of Research in Personality. doi.org/10.1016/j.rp.2020.104011 (2020)

Hardin, J.S. et al.: Parent-Training with Kangaroo Care Impacts Infant Neurophysiological Development. Infant Behavior and Development 58:101416 (2020)

Haslam, S.A. et al.: Stressing the Group: Social Identity and the Unfolding Dynamics of Responses to Stress. Journal of Applied Psychology 91:1037 (2006)

Haslam, S.A. et al.: Social Cure, What Is Social Cure? The Propensity to Underestimate the Importance of Social Factors for Health. Social Science & Medicine 198:14 (2018)

Haslam, S.A. et al.: Group Life Shapes the Psychology and Biology of Health: The Case for A Sociopsychobio Model. Social and Personality Psychology Compass. doi.org/10.1111/spc3.12490 (2019)

Hawkley, L.C. und Cacioppo, J.T.: Loneliness Matters. Annals of Behavioral Medicine 40:218 (2010)

Hegel, G.W.F.: Grundlinien der Philosophie des Rechts oder Naturrecht und Staatswissenschaft im Grundrisse. Ersterscheinungsjahr 1820. Reclams Universal Bibliothek (1986)

Helliwell, J.F. und Huang, H.: Comparing the Happiness Effects of Real and On-Line Friends. PLOS ONE. 8:e72754 (2013)

Henley, T.B.: On Prehistoric Psychology: Reflections at the Individuum of Göbekli Tepe. History of Psychology. doi.org/10.1037/hop0000134 (2019)
Hietanen, J.K.: Affective Eye Contact: An Integrative Review. Frontiers in Psychology. doi.org/10.3389/fpsyg.2018.01587 (2018)
Hofmann, W. et al.: Morality in Everyday Life. Science 345:1340 (2014)
Holt-Lunstad, J. et al.: Social Relationships and Mortality Risk: A Meta-Analytic Review: PLOS Medicine 7:e1000316 (2010)
Holt-Lunstad, J. et al.: Loneliness and Social Isolation as Risk Factors for Mortality: A Meta-Analytic Review. Perspectives on Psychological Sciences 10:227 (2015)
Hsee, C.K. und Rottenstreich, Y.: Music, Pandas, and Muggers: On the Affective Psychology of Value. Journal of Experimental Psychology 133:23 (2004)
Hui, B.P.H. er at.: Reward of Kindness? A Meta-Analysis of the Link Between Prosociality and Well-Being. Psychological Bulletin. doi.org/10.1037/bul0000298 (2020)
Iyengar, S. et al.: The Origins and Consequences of Affective Polarization in the United States. Annual Review of Political Science 22:129 (2019)
Jackson, C.J. et al.: Ecological and Cultural Factors Underlying the Global Distribution of Prejudice. PLOS ONE doi.org/10.1371/journal.pone.0221953 (2019)
Jetten, J. et al.: Advancing the Social Identity Approach to Health and Well-Being: Progressing the Social Cure Research Agenda. European Journal of Social Identity 47:789 (2017)
Jolly, E. et al.: Wanting without Enjoying: The Social Value of Sharing Experiences. PLOS ONE doi.org/10.1371/journal.pone.0215318 (2019)
Judd, N. et al.: Cognitive and Brain Development is Independently Influenced by Socioeconomic Status and Polygenic Scores for Educational Attainment. Proceedings of the National Academy of Sciences PNAS 117:12411. doi.org/10.1073/pnas.2001228117 (2020)

Kaiser, O. (Hrsg.): Texte aus dem Umfeld des Alten Testaments (»TUAT«). Gütersloher Verlagshaus Gerd Mohn, Gütersloh (1982–1997)

Kang, Y. et al.: Effects of Self Transcendence on Neural Response to Persuasive Messages and Health Behavior Change. PNAS. www.pnas.org/cgi/doi/10.1073/pnas.1805573115 (2018)

Kant, I.: Grundlegung zur Metaphysik der Sitten (1785). Reclam

Kant, I.: Kritik der praktischen Vernunft (1788). Suhrkamp, Berlin

Kant, I.: Zum ewigen Frieden (1795/1796). Reclam

Kant, I.: Von der Macht des Gemüts, durch den bloßen Vorsatz seiner krankhaften Gefühle Meister zu sein. Ein Schreiben an Herrn Professor Hufeland zu Jena im Jahr 1797 (1797) https://www.gutenberg.org/files/38295/38295-h/38295-h.htm

Kaplan J.O. et al.: The Prehistoric and Preindustrial Deforestation of Europe. Quarternary Science Reviews 28:3016 (2009)

Keller, H.: Universality Claim of Attachment Theory: Children's Socioemotional Development Across Cultures. Proceedings of the National Academy of Sciences PNAS. 115:11414. doi.org/10.1073/pnas.1720325115 (2018)

Kellermann, N.P.F.: Epigenetic Transmission of Holocaust Trauma: Can Nightmares Be Inherited? Israel Journal of Psychiatry and Related Sciences 50:33 (2013)

Kim, D.A. et al.: A Randomized Controlled Trial of Social Network Targeting to Maximise Population Behaviour Change. Lancet 386:145 (2015)

Kim, E.S. et al.: Volunteering and Subsequent Health and Well-Being in Older Adults: An Outcome-Wide Longitudinal Approach. American Journal of Preventive Medicine doi.org/10.1016/j.amepre.2020.03.004 (2020)

Kofta, M. et al.: What Breeds Conspiracy Antisemitism? Journal of Personality and Social Psychology. Doi.org/10.1037/pspa0000183 (2020)

Konrath, S.H. et al.: Changes in Dispositional Empathy in American College Students Over Time: A Meta-Analysis. Personality and Social Psychology Review 15:180 (2011)

Kraft-Todd, G. et al.: Promoting Cooperation in the Field. Current Opinion in Behavioral Sciences 3:96 (2015)

Kraus, B. und Kitayama, S.: Interdependent Self-Construal Predicts Emotion Suppression in Asian Americans. Biological Psychology. doi.org/10.1016/j.biopsycho.2019.107733 (2019)

Kraus, M.W. und Mendes, W.B.: Sartorial Symbols of Social Class Elicit Class-Consistent Bahavioral and Physiological Responses. Journal of Experimental Psychology: General 143:2330 (2014)

Kremer, A.D.I. et al.: Experimental Evidence of Massive-Scale Emotional Contagion Through Social Networks. PNAS. 111:8788 (2014)

Kteily, N. et al.: They See Us as Less Than Human. Journal of Personality and Social Psychology 110:343 (2016)

Kteily, N. et al.: Backlash: The Politics and Real-World Consequences of Minority Group Dehumanization. Personality and Social Psychology Bulletin 43:87 (2017)

Kteily, N.S. und Bruneau, E.: Darker Demons of Our Nature: The Need to (Re)Focus Attention on Blatant Forms of Dehumanization. Current Directions in Psychological Sciences 26:487 (2017)

Lanier, J.: Zehn Gründe, warum du deine Social Media Accounts sofort löschen musst. Hoffmann und Campe, Hamburg (2018)

Lantis, M.: The Alaskan Whale Cult and Its Affinities. American Anthropologist 40:438 (1938)

Lau, W.W.Y. et al.: Evaluating Scenarios Towards Zero Plastic Pollution. Doi 10.1126/science.aba9475 (2020)

Lederbogen, F. et al: Urban social stress as Risk factor for mental disorders. Environmental Pollution. doi.org/10.1016/j.envpol.2013.05.046 (2013)

Lee, E.E. et al.: High Prevalence and Adverse Health Effects of Loneliness in Community-Dwelling Adults Across the Lifespan. International Psychogeriatrics 31:1447 (2019)

Lewandowsky, S. et al.: The Robust Relationship Between Conspiracism and Denial of (Climate) Science. Psychological Science 26: 667 (2015)

Li, X. et al.: Emergence of SARS-CoV-2 Through Recombination and Strong Purifying Selection. Science Advances eabb9153. doi: 10.1126/sciadv.abb9153 (2020)

Lieb, K. et al.: Interleukin-1β and Tumor Necrosis Factor-α Induce Expression of α1-Antichymotrypsin in Human Astrocytoma Cells by Activation of Nuclear Factor-B. Journal of Neurochemistry 67:2039 (1996)
Lithoxoidou, L.S. et al.: »Trees Have a Soul Too!« – Developing Empathy and Environmental Values in Early Childhood. The International Journal of Early Childhood Environmental Education 5:68 (2017)
Liu, Q. et al.: Changes in the Global Burden of Depression from 1990 to 2017: Findings from the Global Burden of Disease Study. Journal of Psychiatric Research 126:134 (2020)
Loring, S.: On the Trail of the Caribou House. In: L. Jackson und P. Thacker (Hrsg.): Caribou and Reindeer Hunters in the Northern Hemisphere, S. 185–220. Avebury Press, London (1997)
Lumber, R. et al: Beyond Knowing Nature: Contact, Emotions, Compassion, Meaning, and Beauty Are Pathways to Nature Connection. PLOS One. Doi.org/10.1371/journal.pone.0177186 (2017)
Luttrell, A. et al.: Making It Moral: Merely Labeling an Attitude as Moral Increases Its Strength. Journal of Experimental Social Psychology 65: 82 (2016)
Luttrell, A. et al.: Challenging Moral Attitudes with Moral Messages. Psychological Science 30:1136 (2019)
Macy, J.: Learning to See the Dark Amid the Catastrophe. Interview geführt von Dahr Jamal. https://www.joannamacy.net/main (2017)
Mantzari, E. et al.: Is risk compensation threatening public health in the covid-19 pandemic? British Medical Journal BMJ 370:m2913. doi.org/10.1136/bmj.m2913 (2020)
Marchlewska, M. et al.: Superficial Ingroup Love? Collective Narcissism Predicts Ingroup Image Defense, Outgroup Prejudice, and Lower Ingroup Loyality. British Journal of Social Psychology. Doi:10.1111/bjso.12367 (2020)
Martin, C.L. et al.: A Dual Identity Approach for Conceptualizing and Measuring Children's Gender Identity. Child Development 88:167. doi: 10.1111/cdev.12568 (2017)

McIntyre, A.: Empathy and Environmental Concern: Examining the Mediating Role of Nature Relatedness. Abschlussarbeit an der University of Victoria. http://hdl.handle.net/1828/4345 (2012)
Meadows, D. et al.: Die Grenzen des Wachstums. Bericht des Club of Rome zur Lage der Menschheit. Deutsche Verlags-Anstalt, Stuttgart (1972)
Meckling, J. und Allan, B.B.: The Evolution of Ideas in Global Climate Policy. Nature Climate Change 10:434 (2020)
Melamed, D. et al.: The Robustness of Reciprocity: Experimental Evidence that Each Form of Reciprocity is Robust to the Presence of Other Forms of Reciprocity. Science Advances 6:eaba0504 (2020)
Miller, N.: Paleoethnobotanical Evidence For Deforestation in Ancient Iran: A Case Study of Urban Malyan. Journal of Ethnoniology 5:1 (1985)
Millner, J. et al.: Health Effects of Adopting Low Greenhouse Gas Emission Diets in the UK. British Medical Journal 5:e007364 (2015)
Miralles, A. et al.: Empathy and Compassion toward Other Species Decrease with Evolutionary Divergence Time. Nature Scientific Reports 9:19555. doi.org/10.1038/s41598-019-56006-9 (2019)
Mobbs, D. et al.: The Ecology of Human Fear: Survival Optimization and the Nervous System. Frontiers in Neuroscience 9: Article 55. doi:10.3389/fnins.2015.00055 (2015)
Mogan, R. et al: To Be in Synchrony or Not? A Meta-Analysis of Synchrony's Effects on Behavior, Preception, Cognition and Affect. Journal of Experimental Social Psychology 72:13 (2017)
Monroe, S.M. und Slavich, G.M.: Psychological Stressors: Overview. doi.org/10.1016/B978-0-12-800951-2.00013-3 (2016)
Mourkas, E. et al.: Agricultural Intensification and the Evolution of Host Specialism in the Enteric Pathogen. PNAS doi:10.1073/pnas.1917168117 (2020)
Muir, J.: The Yosemite. Century, New York (1912)
Muldoon, O.T. et al.: The Social Psychology of Responses to Trauma. European Review of Social Psychology 30:311 (2020)
Næss, A.: The Shallow and the Deep. Long-Range Ecology Movements: A Summary. Inquiry 16:95 (1973).

Noar, S.M. et al.: Pictorial Cigarette Pack Warnings: A Meta-Analysis of Experimental Studies. Tobacco Control 25:341 (2016)

Nowak, M.A.: Five Rules for the Evolution of Cooperation. Science 314:1560 (2006)

Nussbaum, M.C.: Philosophy in the Service of Humanity. Kyoto Prize Commemorative Lecture. https://www.kyotoprize.org/en/laureates/martha_craven_nussbaum/ Gehalten am 11. November 2016

Oberritter, H. et al.: The DGE Nutrition Circle – Presentation and Basis of the Food-Related Recommendations from the German Nutrition Society (DGE). Ernährungs-Umschau International 2:24 (2013). Siehe auch: https://www.dge.de/fileadmin/public/doc/fm/dgeinfo/DGEinfo-06-2019-Vollwertige-Ernaehrung.pdf

Patterson, R. et al.: Associations Between Commute Mode and Cardiovascular Disease, Cancer, and All-Cause Mortality, and Cancer Incidence, Using Linked Census Data Over 25 Years in England and Wales: A Cohort Study. The Lancet 4:e186 (2020)

Paul, E.S.: Empathy with Animals and with Humans: Are They Linked? Anthrozoös 13:194 (2000)

Pennycook, G. und Rand, D.G.: Fighting Misinformation on Social Media Using Crowdsourced Judgements of News Source Quality. PNAS 116:2521 (2018)

Pennycook, G. und Rand, D.G.: Who Falls for Fake News? Journal of Personality doi:10.1111/jopy.12476 (2019)

Perlin, J.: A Forest Journey. The Role of Wood in the Development of Civilization. WW Norton & Co. (1989)

Peters, J. und Büchel, C.: Neural Representations of Subjective Reward Value. Behavioral Brain Research 213:135 (2010)

Pfeiffer, H.: Paradies/Paradieserzählung. www.bibelwissenschaft.de/fileadmin/buh_bibelmodul/media/wibi/pdf/Paradies_Paradies erzählung__2018-09-20_06_20.pdf (2006)

Piff, P.K. et al.: Awe, the Small Self, and Prosocial Behavior. Journal of Personality and Social Psychology, 108:883. doi.org/10.1037/pspi0000018 (2015)

Pigou, A.C.: The Economics of Welfare. Macmillan, London (1920)

Preuss, M. et al. (Sachverständigenrat zur Begutachtung der gesamtwirtschaftlichen Entwicklung): Verteilungswirkung einer CO_2-Belastung in Deutschland. Manuskript (2019)

Primack, B.A. et al.: Social Media Use and Perceived Social Isolation Among Young Adults in the US. American Journal of Preventive Medicine. doi.org/10.1016/j.amepre.2017.01.010 (2017)

Puigdefabregas, J. und Perez-Garcia, M.: A Neuro-Scientific Approach to Environmental Care. Geographical Research Letters 45:19 (2019)

Pulsinelli, G.M.: The Role of Art in Creating Empathy for Nature. Abschlussarbeit an der Wake Forest University. www.wakespace.lib.wfu.edu/bitstream/handle/10339/93926/Pulsinelli_wfu_0248M_11315.pdf (2019)

Puterman, E. et al.: Predicting Mortality from 57 Economic, Behavioral, Social and Psychological Factors. PNAS. www.pnas.org/cgi/doi/10.1073/pnas.1918455117 (2020)

Rand, D.G. et al.: Positive Interactions Promote Public Cooperation. Science 325:1271 (2009)

Rand, D.G. et al: Social Heuristics Shape Intuitive Cooperation. Nature Communications 5:3677 (2014)

Rauch, J.: Strand statt Stress. www.spektrum.de/artikel/1399751 (2016)

Reckwitz, A.: Das Ende der Illusionen – Politik, Ökonomie und Kultur in der Spätmoderne. Suhrkamp Verlag, Berlin (2019)

Rennung, M. und Göritz, A.S.: Facing Sorrow as a Group Unites. Facing Sorrow in a Group Divides. PLOS ONE. doi:10.1371/journal.pone.0136750 (2015)

Rennung, M. und Göritz, A.S.: Prosocial Consequences of Interpersonal Synchrony. A Meta-Analysis. Zeitschrift für Psychologie. doi:10.1027/2151-2604/a000252 (2016)

Ritchie, H. und Roser, M.: Mental Health. https://ourworldindata.org/mental-health#data-availability-on-mental-health

Roozenbeek, J. und Van der Linden, S.: Fake News Game Confers Psychological Resistance Against Online Misinformation. Palgrave Communications doi.org/10.1057/s41599-019-0279-9 (2019)

Rosa, H.: Resonanz: Eine Soziologie der Weltbeziehung. Suhrkamp Verlag, Berlin (2016)

Sachs, J. et al.: The Sustainable Development Goals and COVID-19. Sustainable Development Report Cambridge: Cambridge University Press. Im Internet verfügbar via: https://www.jeffsachs.org/reports/https/wwwjeffsachsorg/blog-page-url/new-post-title (2020)

Safranski, R.: Hölderlin. Hanser Verlag, München (2019)

Schaarschmidt, T.: Protest wird erlernt. www.spektrum.de/news/bringt-fridays-for-future-eine-neue-protestgeneration (2019)

Schnall, S. et al.: Elevation Leads to Altruistic Behavior. Psychological Science 21:315 (2010)

Schröder, H.: Medizin und Bewusstsein. Auf dem Weg zu einer Kulturheilkunde? In: Bewusstsein – Grundlagen, Anwendungen und Entwicklung (J. Galuska, Hrsg.), S. 93–104. Medizinische Verlagsgesellschaft, Berlin (2014)

Schultz, P.W. et al.: The Constructive, Destructive, and Reconstructive Power of Social Norms. Psychological Science 18:429 (2007)

Seifried, K.: Kinder und Jugendliche mit psychischen Erkrankungen. Schule inklusiv 2:30 (2019)

Shen, F. und Han, S.: Manipulations of Cognitive Strategies and Intergroup Relationships Reduce the Racial Bias in Empathic Neural Responses. NeuroImage 61:786 (2012)

Shi, Y. et al.: Dual Identity and Prejudice: The Moderating Role of Group Boundary Permeability. Frontiers in Psychology. doi.org/10.3389/fpsyg.2017.00195 (2017)

Shirado, H. et al.: Collective Communication and Behavior in Response to Uncertain ›Danger‹ in Network Experiments. Proceedings oft he Royal Society A 476:20190685 (2020)

Singer, B.D.: COVID-19 and the Next Influenza Season. Science Advances. doi: 10.1126/sciadv.abd0086 (2020)

Sparkman, G. und Walton, G.M.: Witnessing Change: Dynamic Norms Help Resolve Diverse Barriers to Personal Change. Journal of Experimental Social Psychology 82:238 (2019)

Spitzer, M.: Natur – Eine Dosis-Findungsstudie. Nervenheilkunde 38:615 (2019)

Spriggs, M.K. et al: Induction of an Interleukin-1 Receptor (IL-1R) on Monocytic Cells. Journal of Biological Chemistry 265:22499 (1990)

Springmann, M. et al.: The Healthiness and Sustainability of National and Global Food Based Dietary Guidelines: Modelling Study. British Medical Journal 370:m2322 (2020)

Stadler, W.: Es geht um das Ganze. Die Furche (Österreich) 42 (2019)

Stadler, W.: Wirtschaftsordnung – Wertschöpfung – Schöpfungsverantwortung. Zu den Chancen ökosozialer Ordnungspolitik in der Globalisierung. Manuskript (2019)

Stark, K. et al.: Die Auswirkungen des Klimawandels. Welche neuen Infektionskrankheiten und gesundheitlichen Probleme sind zu erwarten? Bundesgesundheitsblatt. Doi 10.1007/s00103-009-0874-9 (2009)

Steffen et al.: The Trajectory of the Anthropocene: The Great Acceleration. The Anthropocene Review 2:81. doi: 10.1177/2053019614564785 (2015)

Steffen, W. et al.: The Emergence and Evolution of Earth System Science. Nature Review Earth & Environment 1:54 (2020)

Steindl-Rast, D.: Credo – Ein Glaube, der alle verbindet. Herder Verlag, Freiburg (2012)

Stellar, J.E. et al.: Awe and Humility. Journal of Personality and Social Psychology. doi.org/10.1037/pspi0000109 (2017)

Stoknes, P.E.: Psychology Behind Climate Inaction: How to Beat the ›Doom Barrier‹. Interview vom 24.05.2019. https://www.dw.com/en/psychology-behind-climate-inaction-how-to-beat-the-doom-barrier/a-48730230 (2019)

Szczytko, R. et al.: How Combinations of Recreational Activities Predict Connection to Nature Among Youth. The Journal of Environmental Education. doi: 10.1080/00958964.2020.1787313 (2020)

Tam, K.-P.: Dispositional Empathy with Nature. Journal of Environmental Psychology 35:92 (2013)

Tam, K.-P.: Mind Attribution to Nature and Pro-environmental Behavior. Ecopsychology 7:87 (2015)

Tam, K.-P.: Anthropomorphism of Nature, Environmental Guilt, and Pro-Environmental Behavior. Sustainability 11:5430 doi:10.3390/su11195430 (2019)

Tanskanen, J. und Anttila, T.: A Prospective Study of Social Isolation, Loneliness, and Mortality in Finland. American Journal of Public Health 106:2042 (2016)

Tedeschi, R.G. und Calhoun, L.G.: Posttraumatic Growth. Psychological Inquiry 15:1 (2004)

Ten Brinke, L. et al.: Hedge Fonds Managers With Psychopathic Tendencies Make For Worse Investors. Personality and Social Psychology Bulletin 44:214 (2017)

Thompson, R.A.: Early Attachment and Later Development. In: J. Cassidy & P.R. Shaver (Hrsg.), Handbook of Attachment: Theory, Research, and Clinical Applications. S. 348–365, Kapitel 16. The Guilford Press, New York (2008)

Tomova, L. et al.: The Neuroscience of Unmet Social Needs. Social Neuroscience. doi.org/10.1080/17470919.2019.1694580 (2019)

Tortell, P.D.: Earth 2020: Science, Society, and Sustainability in the Anthropocene. PNAS 117:8683 (2020)

TUAT (Texte aus dem Umfeld des Alten Testaments): siehe unter: Kaiser, O.

Twenge, J.M. et al.: Decreases in Psychological Well-Being Among American Adolescents after 2012 and Links to Screen Time During the Rise of Smartphone Technology. Emotion, 18:765 (2018)

Twenge, J. et al.: Age, Period, and Cohort Trends in Mood Disorder Indicators and Suicide-Related Outcomes in a Nationally Representative Dataset, 2005–2017. Journal of Abnormal Psychology 128:185. doi.org/10.1037/abn0000410 (2019)

Twenge, J.M. und Campell, W.K.: Media Use Is Linked to Lower Psychological Well-Being. Psychiatric Quarterly 90:311 (2019)

Twenge, J.M. et al.: Less In-Person Social Interaction with Peers among U.S. Adolescents in the 21st Century and Links to Loneliness. Journal of Social and Personal Relationships. doi.org/10.1177/0265407519836170 (2019)

Van Bavel, J.J. und Pereira, A.: The Partisan Brain: An Identity-Based Model of Political Belief. Trends in Cognitive Sciences 22:213 (2018)

Van Bavel, J.J. et al.: Using Social and Behavioral Science to Support COVID-19 Pandemic Response. Nature Human Behaviour. doi.org/10.1038/s41562-020-0884-z (2020)

Van der Linden, S. et al.: Inoculating the Public Against Misinformation. Global Challenges, doi:10.1002/gch2.201600008 (2017)

Van der Linden, S. et al.: Scientific Agreement Can Neutralize Politicization. Nature Human Behavior 2:2 (2018)

Van der Linden, S. et al.: The Gateway Belief Model. Journal of Environmental Psychology 62:49 (2019)

Vanham, D. et al.: The Water Footprint of Different Diets within European Sub-National Geographic Entities. Nature Sustainability 1:518 (2018)

Van Lange, P.A.M. et al.: Climate Change: What Psychology Can Offer in Terms of Insight and Solutions. Current Directions in Psychological Science 27:269 (2018)

Verduyn, P. et al.: Passive Facebook Usage Undermines Affective Well-Being: Experimental and Longitudinal Evidence. Journal of Experimental Psychology: General 144:480 (2015)

Wallace, R. (im Interview mit Yaak Pabst): Agrarindustrie würde Millionen Tote riskieren. https://amerika21.de/analyse/238220/coronavirus-und-agrarindustrie (2020)

Wang, Y. et al.: Reduction of Transmission of SARS-CoV-2 in Households by Face Mask Use, Disinfection and Social Distancing: A Cohort Study in Beijing, China. British Medical Journal Global Health 5. doi.org/10.1136/bmjgh-2020-002794 (2020)

Waters, S.F. et al.: Stress Contagion: Physiological Covariation Between Mothers and Infants. Psychological Science. doi:10.1177/0956797613518352 (2014)

Waters, S.F. et al.: Affect Contagion Between Mothers and Infants. Journal of Experimental Psychology. doi.org/10.1037/xge0000322 (2017)

Waters, S.F. et al.: Keep it to Yourself? Parent Emotion Suppression Influences Physiological Linkage and Interaction. Journal of Family Psychology 146:1043. doi.org/10.1037/fam0000664 (2020)

Waytz, A. und Gray, K.: Does Online Technology Make Us More or Less Sociable? A Preliminary Review and Call for Research. Perspectives on Psychological Science 13:473 (2018)

Weindl, I. et al.: Sustainable Food Protein Supply Reconciling Human and Ecosystem Health: A Leibniz Position. Global Food Security 25. doi.org/10.1016/j.gfs.2020.100367 (2020)

West, P.C. et al.: Leverage Points for Improving Global Food Security and the Environment. Science 345: 325 (2014)

Wheatley, D. und Bickerton, C.: Subjective Well-Being and Engagement in Arts, Culture and Sport. Journal of Cultural Economics 41:23 (2017)

Willett, W. et al.: Food in the Anthropocene: The EAT-Lancet Commission on Healthy Diets from Sustainable Food Systems. Lancet. doi.org/10.1016/S0140-6736(18)31788-4 (2019)

Williams, W.C. et al.: Interpersonal Emotion Regulation: Implications for Affiliation, Perceived Support, Relationship, and Well-Being. Journal of Personality and Social Psychology 115:224 (2018)

World Wildlife Fund (WWF): Living Planet Report 2018. https://www.wwf.at/de/view/files/download/showDownload/?tool=12&feld=download&sprach_connect=3304

Xu, X. et al.: Do You Feel My Pain? Racial Group Membership Modulates Empathic Neural Responses. The Journal of Neuroscience 29:8525 (2009)

Yehuda, R. und Lehrner, A.: Intergenerational Transmission of Trauma Effects. Worlds Psychiatry 17:3 (2018)

Zaki, J. und Williams, W.C.: Interpersonal Emotion Regulation. Emotion 13:803 (2013)

Zeng, N. et al.: Epidemiology Reveals Mask Wearing by the Public is Crucial for COVID-19 Control. Medicine in Microecology. doi.org/10.1016/j.medmic.2020.100015 (2020)

Zhang, J.W. et al.: An Occasion for Unselfing: Beautiful Nature Leads to Prosociality. Journal of Environmental Psychology 37:61 (2014)

Zhang, R. et al.: Identifying Airborne Transmission as the Dominant Route for the Spread of COVID-19. PNAS. www.pnas.org/cgi/doi/10.1073/pnas.2009637117 (2020)

Register